CULTURE

DU

CHASSELAS

A THOMERY

PAR M. ROSE CHARMEUX

CHEVALIER DE LA LÉGION D'HONNEUR

HORTICULTEUR A THOMERY

MEMBRE DE LA SOCIÉTÉ IMPÉRIALE ET CENTRALE D'HORTICULTURE

VICE-PRÉSIDENT DE LA SOCIÉTÉ D'HORTICULTURE

DE MELUN, FONTAINEBLEAU, ETC., ETC.

PARIS

VICTOR MASSON ET FILS

Place de l'École de Médecine

1853

CULTURE

DU

CHASSELAS

A THOMERY

CORBEIL, typographie et stéréotypie de CRÉTÉ.

CULTURE

DU

CHASSELAS

A THOMERY

PAR M. ROSE CHARMEUX

CHEVALIER DE LA LÉGION D'HONNEUR

HORTICULTEUR A THOMERY

MEMBRE DE LA SOCIÉTÉ IMPÉRIALE ET CENTRALE D'HORTICULTURE

VICE-PRÉSIDENT DE LA SOCIÉTÉ D'HORTICULTURE

DE MELUN, FONTAINEBLEAU, ETC., ETC.

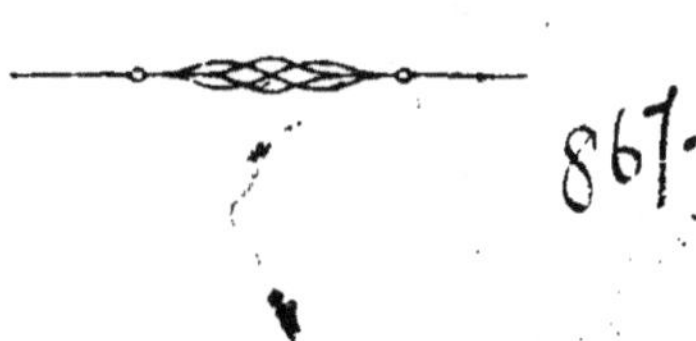

PARIS

VICTOR MASSON ET FILS

Place de l'École de Médecine

—

1863

AVANT-PROPOS

La pensée de publier quelque jour un petit livre sur la culture du chasselas était si loin de nous que nous n'avons fait à personne mystère de nos procédés. Nous avons été prodigue de notes et de renseignements, dans l'espoir que parmi nos visiteurs et nos amis, quelque plume mieux exercée que la nôtre se chargerait d'un travail spécial qui nous est demandé depuis bien longtemps. Nous n'avons pas été tout à fait déçu dans notre attente ; cependant les notices consacrées à diverses reprises et par divers auteurs à notre spécialité n'ont été ni aussi complètes ni aussi rigoureusement exactes qu'on aurait pu le désirer. Nous le regrettons, car les lacunes et les inexactitudes que le public y a remarquées nous créent une obligation à laquelle nous aurions bien voulu échapper, celle de reprendre une besogne qui ne s'accorde guère avec les nécessités de notre pratique journalière.

Cette déclaration, qui n'est point l'expression hypocrite d'une fausse modestie, nous assurera, espérons-le, l'indulgence de nos lecteurs. Nous avons qualité, sans doute, pour traiter de la culture du chasselas, puisque Thomery la doit à un de nos aïeux et qu'elle nous a valu, à nous personnellement, les distinctions les plus flatteuses ; mais ici il ne s'agit pas de bien faire, il s'agit de bien dire, et le cas devient embarrassant pour quiconque n'est point écrivain de profession. Nous ne connaissons qu'un moyen de racheter l'inexpérience de notre plume, c'est d'exposer ce que nous savons avec simplicité et sincérité. Nous commencerons par la culture en plein air, nous terminerons par la culture forcée.

Thomery, septembre 1862.

CULTURE DU CHASSELAS

PREMIÈRE PARTIE

CONNAISSANCES ESSENTIELLES AUX VITICULTEURS.

Historique. — Au commencement du dix-huitième siècle, la culture du chasselas était inconnue à Thomery ; on ne la pratiquait qu'au jardin de Fontainebleau, pour les agréments de la cour, non pour les besoins du commerce. Les treilles de cette résidence royale jouissaient nécessairement d'une réputation méritée, réputation qui devait éveiller tôt ou tard l'attention des amateurs. Mon bisaïeul François Charmeux eut, le premier, l'idée de se procurer du plant de Fontainebleau et d'établir un espalier de chasselas en 1730. Pour cela, il dut solliciter une autorisation et il ne l'obtint que sous la condition expresse de laisser au milieu du mur une porte ouverte en tout temps, pour la facilité des chasses du roi. Depuis, cette porte a été murée, mais on en retrouve encore les traces sous le crépi de la muraille.

Ce premier espalier donna de bons et beaux produits qui se vendirent bien. Mon bisaïeul, encouragé par le succès, fit construire de nouveaux murs, et, au bout de six années environ, il eut quelques imitateurs dans la localité, mais ce ne fut réellement qu'à partir de 1800 que la nouvelle culture prit une rapide et large extension. Dans le principe, la conduite des vignes en cordons laissait beaucoup à désirer; mon grand-père y apporta d'utiles améliorations, et, plus tard, mon père réalisa des progrès trop tôt interrompus par la mort, et nous fit promettre, à nous encore enfant, de continuer l'œuvre si heureusement commencée. Nous fîmes la promesse et croyons l'avoir tenue convenablement.

Sol et exposition. — Thomery appartenait jadis à l'Ile de France ; il fait aujourd'hui partie du département de Seine-et-Marne, et occupe une charmante situation à 6 kilomètres est de Fontainebleau. On rapporte le nom de Thomery à un mot de Henri IV, qui avait, en face de ce village, une gracieuse résidence appelée le *Château des pressoirs du roi*, et qui, des hauteurs de ce domaine, aurait dit un jour : *Ici tout me rit*. Voilà l'étymologie populaire ; nous la donnons comme très-vraisemblable et sans y attacher plus d'importance qu'elle n'en mérite.

Notre village, dont la réputation est plus qu'Européenne, — nous le disons avec un juste sentiment de fierté, — est assis sur le revers septentrional d'un vallon, abrité au nord par la montagne des Pressoirs du roi et par le coteau de Champagne, et à l'ouest par la forêt de Fontainebleau. La Seine passe au pied du village et ajoute aux agréments du paysage.

La commune de Thomery comprend, outre le chef-lieu, trois hameaux ou écarts qui sont : By, Montforts et Effondré. La culture de la vigne s'étend dans toutes ces localités, depuis Effondré jusqu'à By, mais la meilleure exposition est sans contredit celle du chef-lieu communal, à savoir l'exposition du sud-est. Dans les hameaux qui regardent directement le sud, on conserve le raisin à la treille moins longtemps qu'à Thomery, mais ceci n'attaque en rien sa qualité.

A Thomery, le sol est de nature sablo-argileuse, avec mélange de cailloux dans la partie rapprochée de la rivière. En tout temps, ce sol est facile à travailler. Près de la Seine, il manque de profondeur, en sorte qu'avant de le soumettre à la culture, il est nécessaire de le défoncer pour ouvrir le sous-sol caillouteux. Partout ailleurs, la couche végétale mesure une épaisseur de $1^m,50$ à 2 mètres. Cette couche repose sur une argile rougeâtre, de même épaisseur qu'elle environ, et sous cette argile, la pierre à bâtir constitue des roches brisées ou pleines de fissures. Cette pierre à bâtir est d'une extraction facile.

Les raisins mûrissent quinze jours plus tôt dans les parties caillouteuses que dans les parties profondes et riches.

Nos ancêtres ont remarqué, comme nos contemporains, que le territoire de Thomery n'avait que peu ou point à souffrir des orages; ils attribuent ce résultat au voisinage de la forêt de Fontainebleau et de Champagne.

Variétés de vigne cultivées, origine et descrip-

tion des cépages. — Les cultivateurs de Thomery ne s'attachent réellement qu'à deux variétés ou cépages qui sont : le chasselas doré de Fontainebleau, en première ligne, et, en seconde ligne, le frankenthal. Ce ne sont pas assurément les seules variétés dignes d'être cultivées ; mais ce sont les seules demandées par les consommateurs parisiens, au moins jusqu'à ce jour. Il faut espérer que d'autres cépages très-recommandables en réalité, quoique peu connus, auront leur tour de succès, et c'est dans cet espoir que nous nous faisons un devoir de les multiplier dans notre établissement. Nos cépages les plus méritants à divers titres, sont les suivants :

1. *Chasselas doré*, dit de *Fontainebleau*. — Il provient des treilles de Fontainebleau, et on le croit originaire de Cahors ou du Piémont. Son bois est rougeâtre, sa feuille d'un vert gai en dessus, non duveteuse en dessous et assez profondément découpée. La longueur ordinaire des entre-nœuds est de 8 centimètres.

Nous cultivons également une variété de chasselas ou mieux une sous-variété qui a les feuilles blondes et dont les grains se colorent moins bien que ceux de la précédente. Elle n'en est pas moins de très-bonne qualité.

2. *Frankenthal.* — Cette variété parut, pour la première fois, chez les amateurs de Thomery, vers 1839 ou 1840. On l'admit d'abord pour la beauté de ses grappes, puis pour son rapport dès que l'on reconnut que la vente en devenait facile et lucrative. Sa culture sur une grande échelle ne date réellement

chez nous que de 1850. Nous constatons qu'elle gagne chaque jour du terrain.

Il y a deux sortes de Frankenthal : l'une à feuilles rougeâtres et l'autre à feuilles d'un vert blond. Cette dernière est préférable à la première quant au pro-duit et à la beauté du raisin.

3. *Chasselas rose royal.* — Il est croquant comme le chasselas doré ; il en a la saveur et exactement les mêmes caractères, à l'exception d'un seul que voici : au lieu de se dorer en mûrissant, il prend une couleur rose. C'est une délicieuse variété qui n'attend que l'occasion de s'étendre, c'est-à-dire un débouché avantageux.

4. *Chasselas violet* ou *Tokay des jardins.* — Au moment de la pousse, le bois, la feuille et la grappe ont une teinte violacée. Vers l'époque de la maturité, la couleur violacée devient grisâtre momentanément ; puis le gris disparaît et le violet se rétablit sous une riche nuance. Ce cépage est très-fertile, son grain est croquant et délicieux, sa grappe est belle et de bonne garde.

5. *Chasselas Napoléon.* — Son feuillage ressemble à celui du chasselas doré ; sa grappe est forte, à grains écartés, oblongs, blancs, faiblement ambrés et d'une pulpe plus serrée que dans le chasselas ordinaire. En plein air, ce cépage est sujet à la coulure, mais en serre chaude ou tempérée, il se comporte admirablement.

6. *Chasselas de Florence.* — Le grain un peu oblong de celui-ci est excellent et se rapproche du chasselas doré.

7. *Chasselas musqué*. — Cépage très-fertile, blanc, légèrement musqué, et réunissant une grande partie des caractères du chasselas de Fontainebleau.

8. *Chasselas bordelais* ou *boudalais*. — Cépage noir, très-fertile, à grains oblongs, de quinze jours en retard sur le précédent, mais de bonne garde.

9. *Hambourg doré*. — Cépage assez tardif en espalier, mais excellent pour le forçage. Ses grains oblongs sont d'un blanc ambré.

10. *Chasselas Vibert*. — Variété peu vigoureuse, précoce, à grains blancs, ronds et gros.

11. *Chasselas Duhamel*. — Variété très-voisine de la précédente, ayant à peu près les mêmes qualités, mais à feuillage plus découpé. Le chasselas Duhamel et le chasselas Vibert se rapprochent du gros coulard ; cependant leurs grains sont moins forts que chez ce dernier.

12. *Chasselas rose de Falloux*. — Ce cépage a les feuilles du chasselas ordinaire ; il est très-fertile. Son grain, de couleur rose tendre groseille, est plus gros que celui du chasselas rose royal. Il se recommande par sa précocité et sa bonté.

13. *Chasselas à feuilles laciniées*. — Variété blanche, ne différant du chasselas ordinaire que par ses feuilles.

14. *Blanc de Pagès*. — Grosse grappe, grain oblong et cassant ; race hâtive.

15. *Cornichon blanc*. — Grain allongé, un peu crochu, bon, tardif.

16. *César*. — Cépage noir, très-productif ; grains

oblongs à pellicule dure ; de très-bonne garde.

17. *Corinthe blanc.* — Le plus petit de tous les raisins, quant au grain ; très-sucré.

18. *Damas noir.* — Grain oblong, excellent, de saison ordinaire.

19. *Froc Laboulaye* ou *gros Coulard,* ou *gros Damas.* — Cépage blanc, hâtif, à gros grains ronds, mélangés de petits grains.

20. *Fintendo.* — Variété noire, d'excellent goût. très-hâtive, à feuilles laciniées, et provenant, dit-on. d'un semis de frankenthal.

21. *Gromier du Cantal.* — Le plus gros de tous les raisins; grappe énorme, grain d'un rose clair.

22. *Gros-Guillaume.* — Grappe colossale quand les pieds vieillissent; gros grains ronds d'un bleu foncé.

23. *Grosse perle du Jura.* — Variété blanche, à grain rond, sujette à couler, mais moins à l'exposition du couchant qu'à toute autre.

24. *Gros muscat noir hâtif.* — Bon cépage à grains ronds, devant être cisclé comme tous les muscats.

25. *Gros muscat blanc.* — Variété hâtive, à grains ronds, de bonne qualité.

26. *Jubi blanc* ou *Joli blanc.* — Raisin oblong, de moyenne grosseur, très-sucré et hâtif.

27. *Isabelle* ou *raisin cassis d'Amérique.* — Variété surtout belle par son feuillage, et propre aux tonnelles.

28. *Joannec blanc.* — Très-hâtif, très-productif; l'un des meilleurs raisins, à grain légèrement oblong.

29. *L'Espagnol* ou *raisin du pauvre.* — Grap-

pes énormes, à grains ronds, roses et très-serrés.

30. *Muscat violet.* — Raisin hâtif, très-abondant, et à grains ronds.

31. *Muscat d'Alexandrie.* — Variété oblongue, à gros grains écartés, d'un blanc ambré, aimant une exposition chaude, très-productive en vieillissant.

32. *Malingre.* — Variété blanche, à grains moyens et oblongs, très-sucrée et très-hâtive.

33. *Madeleine noire* ou *Plant de juillet*, ou *Morillon hâtif.* — Grain rond, serré, au-dessous de la moyenne grosseur.

34. *Madeleine blanche.* — Variété hâtive, peu productive, à grains oblongs.

35. *Malvoisia grossa.* — Cépage très fécond, à gros grains blancs, oblongs.

36. *Palestine blanc* ou *raisin de Terre promise.* — Cépage un peu tardif; grappe colossale; grains de bon goût, oblongs et d'un blanc ambré.

37. *Gros ribier du Maroc.* — Gros raisin noir, oblong, d'un grain superbe; un peu tardif.

38. *Raisin des roses noires.* — Variété à grains ronds, très-hâtive et très-productive.

39. *Ramonia Transylvani.* — Variété noire, à très-gros grains, très-productive, très-recommandable, mais à la condition d'être bien exposée.

40. *Superbe De Candolle* ou *Malaga rose.* — Cépage à gros grains oblongs, couleur rose lie de vin. Il demande une bonne exposition.

41. *Salbalkanskoy.* — Variété très-productive et

tardive ; raisin oblong, à grains très-allongés, charnus, d'un rose groseille et de bonne qualité.

42. *Saint-Antoine.* — Cépage] peu productif, noir, à grains ronds et gros.

43. *Schiras.* — Raisin excellent, assez précoce, à grain allongé, couleur lie de vin. Il est sujet à couler en espalier ; mais en contre-espalier, il se maintient bien.

44. *Trousseau* ou *Aramon noir.* — Variété très-féconde ; grosses grappes, gros grains, mûrissant bien à une bonne exposition, et se gardant surtout bien.

45. *Valencia.* — Variété blanche, très-vigoureuse, très-fructifère, à gros grains et à grappes volumineuses.

46. *Précoce de Keintskeim.* — Raisin blanc, oblong.

47. *Sercial.* — Raisin magnifique, blanc, oblong.

48. *Malvoisie blanc.* — Variété très-sucrée, à grains moyens.

49. *Malvoisie rose.* — Variété très-sucrée, et à grains moyens.

50. *Muscat caillaba.* — Bon raisin de moyenne grosseur, et d'un rouge clair.

Bien que nous cultivions près de deux cents cépages, nous croyons devoir, pour le moment, limiter notre liste à une cinquantaine. Ceux-ci ont fait leurs preuves, et mûrissent parfaitement en espalier dans notre climat. L'important, c'est de ne rien livrer au hasard.

Maintenant, il s'agit d'indiquer nos dispositions générales pour la culture de la vigne.

Murs, treillages et abris. — Les jardins de Thomery offrent, quant à l'ensemble, l'aspect original de ceux de Montreuil-sous-Bois. Ce ne sont partout que murailles, distantes en moyenne de 10 mètres d'un espalier à l'autre, et hautes de 3 mètres, mais seulement depuis une quinzaine d'années; autrefois, nos murs n'avaient que de $2^m,20$ à $2^m,30$ d'élévation. Cette modification nous a été avantageuse sous deux rapports : 1° au lieu d'acheter des terrains à beaux deniers comptants, nous prenons à moins de frais, dans l'air, l'espace qui nous est nécessaire; 2° la beauté, la qualité et la conservation de nos produits ont, en outre, beaucoup gagné à ce changement.

Nos murs sont bâtis en pierres dures, tirées du voisinage, avec du mortier de terre seulement; puis, on crépit avec du sable et de la chaux, et par-dessus le crépi, on fouette avec un lait de chaux et de sable. On peut les rendre gris au lieu de les rendre blancs, afin de ne pas fatiguer la vue des travailleurs par la réflexion des rayons du soleil.

Chaque mur est couronné par un petit toit en tuiles plates, protégées par des faîtières en tuiles creuses. Les chaperons font saillie de 22 à 25 centimètres, et, au-dessous de ces chaperons, on scelle, en les inclinant faiblement d'arrière en avant, des supports en fer à 1 mètre d'intervalle. Ces supports dépassent de 50 centimètres le bord du toit ou chaperon, et permettent d'établir des abris qui ont ainsi, le chaperon compris, de 72 à 75 centimètres de largeur. Les abris, dont on recouvre les supports, sont en toile bitumée; toutefois, les personnes qui reculent momentanément

devant un sacrifice un peu lourd, se servent de planches. Les abris en toile bitumée consistent en châssis

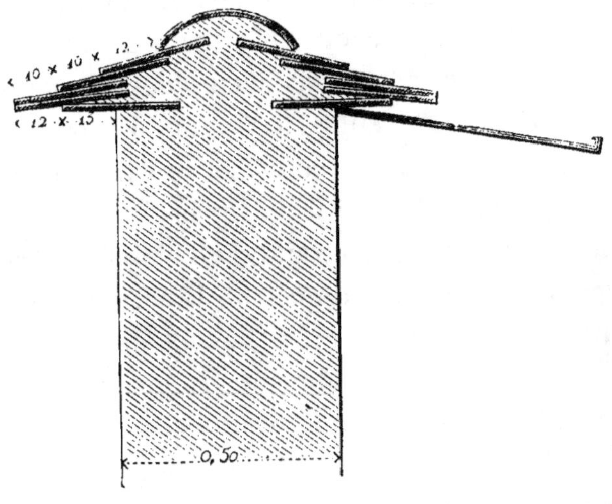

0, 5o

Fig. 1. — Mur de Thomery.

ou cadres de $2^m,66$ de longueur, sur 50 centimètres
de largeur. La toile est tendue sur ces cadres au
moyen de petits clous. On ne met ces abris à la place
qui leur est destinée que lorsque la maturité du raisin est complète, vers le 15 septembre, surtout avant
les grandes pluies. Autrefois, faute d'abris, on perdait
beaucoup de raisins par la pourriture, aujourd'hui
nous ne la craignons plus. La largeur du châssis dont
nous nous servons, devrait toujours être subordonnée
à l'exposition et à la hauteur des murs. Avec les murs
exposés au plein midi et hauts de 3 mètres, on devrait
se servir de châssis garnis de toiles de 80 centimètres de largeur; à l'ouest, il serait à désirer que
l'abri fût encore plus large à cause des pluies. Pour

nos anciens murs de 2^m,20 à 2^m,30, un abri de 60 centimètres au midi, de 70 centimètres à l'ouest et de 40 centimètres seulement au levant suffirait.

Les vignes au mur ont été palissées jusqu'à présent sur des treillages en bois, formés de lattes croisées à angle droit. Ces treillages, il faut bien en convenir, ont l'inconvénient de nécessiter des frais d'entretien assez considérables, de protéger les insectes nuisibles en leur assurant une retraite, et d'éloigner la vigne de l'espalier. On leur a donc substitué, au moins chez bon nombre de viticulteurs, des fils de fer galvanisés que l'on tend horizontalement. Le premier se trouve placé à 30 ou 40 centimètres du sol; les autres sont distancés entre eux de 22 centimètres environ, un peu plus ou un peu moins, suivant la hauteur des murs.

L'espace de terrain compris entre les murs des jardins, est occupé par des contre-espaliers de 90 centimètres jusqu'à 1^m,20 d'élévation. Les contre-espaliers de 90 centimètres de hauteur sont éloignés de 1 mètre à 1^m,20 l'un de l'autre; tandis que ceux de 1^m,20 de hauteur ont entre eux 1^m,50 de séparation. Pour notre compte, nous formons nos contre-espaliers de deux lignes de ceps à 60 centimètres l'une de l'autre, à la hauteur de 1^m,20; nous les séparons entre eux par un intervalle de 1^m,40 et ne commençons ces contre-espaliers qu'à 2^m,40 des murs d'espalier. Dans le cas où la disposition que nous recommandons ici paraîtrait un peu obscure, ce qui ne serait pas surprenant, rien ne nous empêcherait de la dégager de l'obscurité en la présentant sous une autre forme. Cette forme, la voici :

Avec ces contre-espaliers conduits sur deux lignes de ceps parallèles, à 60 centimètres de distance l'une de l'autre , et maintenus par des fils de fer, au lieu d'échalas, nous n'avons pas besoin de supports pour y asseoir nos abris. Nous appuyons tout simplement nos paillassons ou nos châssis sur les deux derniers fils de fer. Nous faisons ce travail facile à deux époques différentes : 1° Dès que la végétation commence jusqu'au 20 mai, afin de préserver des gelées les bourres et les jeunes rameaux ; 2° à la maturité, afin de préserver les grappes de la pourriture, ainsi que nous l'avons déjà dit.

Voilà nos dispositions prises, mais il n'est pas temps encore de nous expliquer sur la plantation, car on pourrait ne pas nous comprendre ou nous comprendre mal, second inconvénient peut-être pire que le premier. L'ordre des choses veut que nous traitions d'abord des divers moyens de multiplier la vigne.

Des divers modes de multiplication de la vigne. — Pour multiplier la vigne, nous avons la graine (pepins), la bouture, la marcotte et la greffe.

Nous sommes le seul, parmi les cultivateurs de Thomery, qui semions les pepins du raisin, et encore sur une petite échelle, en vue d'obtenir des gains. Il y a une quinzaine d'années que nous pratiquons ce mode de reproduction. Il ne nous a valu jusqu'à présent que deux ou trois bons gains, mais nous nous empressons d'ajouter que d'autres sujets à l'étude nous donnent des espérances. Voici de quelle manière nous procédons :

Nous prenons les pepins lorsque les raisins sont bien mûrs; nous les conservons en lieu frais, dans une boîte, sans autre précaution, et, au mois de février, nous semons les graines en question, une à une, dans de petits godets remplis de terre franche mêlée de terreau ; puis nous mettons ces godets en serre ou en bâche. Nous arrosons tous les jours.

Au bout de six semaines ou un peu plus, les plantes lèvent, et dès qu'elles ont environ 10 centimètres, on les ôte des godets, on les replace dans des pots plus grands, et vers la fin de mai, on peut les sortir de la serre et les mettre à l'air en les abritant. L'année suivante, au mois de mars, on peut les transplanter en pleine terre. Au bout de cinq ou six ans, les plus précoces commencent à fructifier. Cependant, quand on est pressé de connaître les résultats d'un semis, — et on l'est presque toujours, — rien n'empêche de satisfaire son désir en greffant le jeune plant, en approche, vers le mois d'avril, sur un cep vigoureux. Si l'on n'a pas de grappes la même année, au moins est-on sûr d'en avoir l'année suivante.

Dans la pépinière, nous considérons, comme sujets d'espérance, les pieds qui offrent un bois fort, des bourres rapprochées, de gros nœuds et de larges feuilles portées par de gros pétioles.

Nous croyons avoir dit du semis tout ce qu'il est nécessaire d'en savoir pour l'exécuter aussi bien que nous; voyons à présent le second mode de multiplication : le *bouturage*, autrement dit la reproduction par voie de *bouture*.

On nomme bouture, un bout de rameau muni d'yeux ou bourres (ou mieux encore bourgeons rudimentaires), et pouvant reproduire, en toute fidélité, le sujet ou type sur lequel on l'a pris. Nous distinguons les boutures en *boutures simples* ou *sarments* de l'année, et en *crossettes*, quand on laisse du vieux bois au talon de ces sarments de l'année. Dès qu'elles ont émis des racines, les boutures en question deviennent des *plants chevelés*.

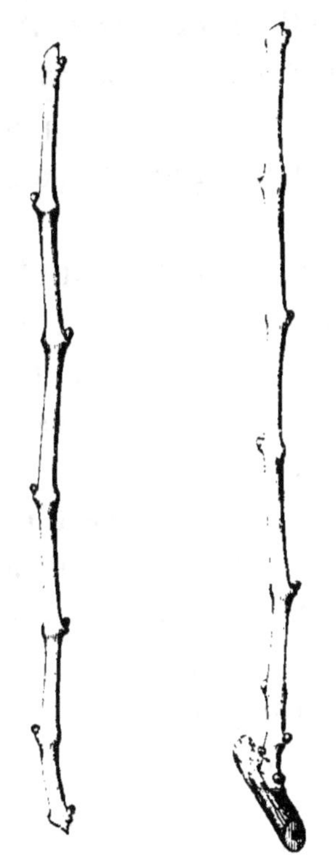

Fig. 2.   Bouture simple.   Fig. 3. — Crossette.

C'est au mois de mars, c'est-à-dire à l'époque de la taille, que nous nous approvisionnons de boutures. A cet effet, on choisit les rameaux de vigne les plus forts, les plus sains ; on les coupe à 50 centimètres environ de longueur ; on en forme de petites bottes que l'on enterre partiellement, ou mieux complétement pendant un mois et demi ou deux mois, c'est-à-dire jusqu'au moment convenable pour la plantation ; après quoi, avant de planter, on les met deux jours dans l'eau par le pied, à la profondeur d'environ 20 centimètres. Cela fait, en vue de ramollir les tissus et de favoriser l'enracinement, on enlève deux lanières d'écorce à la base de chaque bouture sur une longueur de 8 à 10 centimètres, et, bien entendu, dans les parties opposées aux bourres.

Pour ce qui est de la plantation des boutures, on commence par ouvrir une tranchée de 30 centimètres de largeur sur 25 centimètres de profondeur ; on y plante obliquement les boutures à 5 ou 6 centimètres l'une de l'autre, et de façon que deux yeux sortent de terre. Tout aussitôt, on répand dans la tranchée du terreau de couches ou un mélange de terre et de fumier consommé ; on recouvre avec la terre ordinaire extraite de la fosse, on la foule légèrement, autrement dit, on la plombe ; puis on paille la surface du terrain pour y conserver la fraîcheur nécessaire, et dans le courant de l'année, on sarcle au besoin.

Dès l'automne ou au printemps suivant, on peut, à la rigueur, mettre en place les plus forts *plants chevelés*, mais il est préférable d'attendre une année de plus.

Pour épargner le sarment, quand on n'en possède que très-peu d'une variété, il est d'usage de faire des boutures de fantaisie à un ou deux yeux, en pots. On les appelle *boutures anglaises*. Chacune d'elles consiste en une moitié de sarment divisé dans le sens longitu-

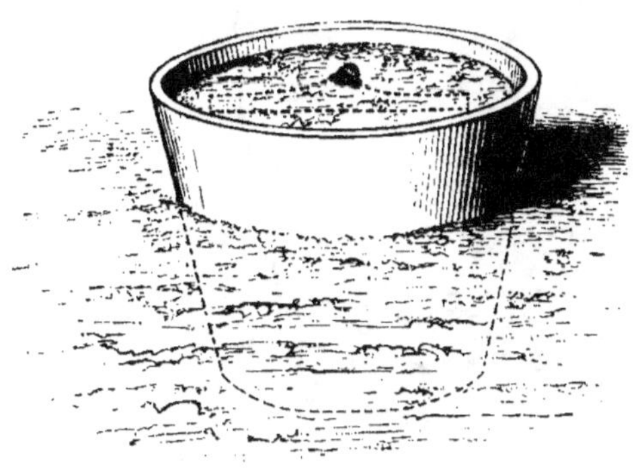

Fig. 4. — Bouture anglaise.

dinal et portant un œil vers son milieu. La partie coupée s'appuie sur le sol et toute la bouture est recouverte de terre, à l'exception de l'œil, comme dans le pot (*fig.* 4).

Le *marcottage*, qui est un troisième mode de multiplication, diffère du bouturage, en ce que les rameaux ou sarments destinés à l'enracinement ne sont point détachés du pied mère.

On marcotte en mars ou avril avec les rameaux des ceps de contre-espaliers. On prend à chaque pied un ou deux sarments, selon la vigueur de la souche, et, bien entendu, les sarments les plus rapprochés du

sol. On les courbe avec précaution et on les couche
dans une fosse de 15 centimètres environ de profondeur et de manière à enterrer les cinq ou six yeux du
milieu du sarment. On recouvre de terre ; on appuie

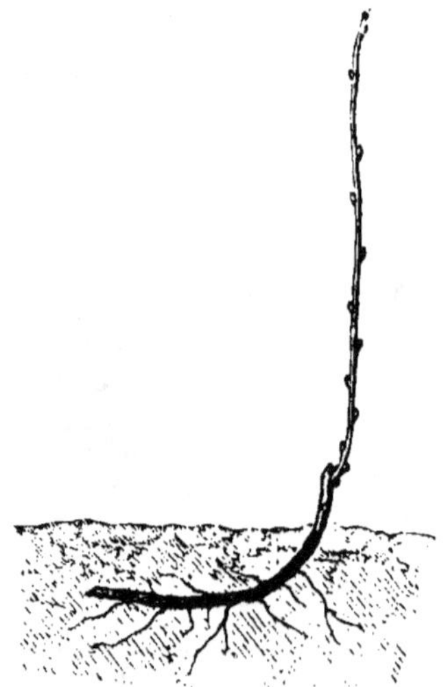

Fig. 5. — Marcotte simple.

avec le pied, on redresse l'extrémité de chaque sarment, au moyen d'un tuteur, et l'on rogne au-dessus
de la troisième bourre. Ceci est la *marcotte simple*,
appelée dans le pays *chevelée simple* (*fig.* 5).

Nous laissons partir ou se développer les trois bourres de la marcotte, et à l'époque de l'ébourgeonnement, c'est-à-dire quand les pousses ont de 10 à 12 centimètres de longueur, nous conservons les deux plus
fortes et supprimons la plus faible. Dès que nos deux
rameaux restants ont 50 centimètres de hauteur, nous
les accolons à un tuteur unique ou échalas, ou bien
encore au fil de fer des contre-espaliers, si nous avons

pris les sarments sur ces contre-espaliers. Nous laissons ensuite partir nos marcottes, mais dès qu'elles atteignent 1 mètre ou 1ᵐ,20 de développement, nous les pinçons, autrement dit nous rognons leurs extrémités. Pendant le cours de la végétation, nous enlevons les vrilles et aussi les rameaux stipulaires que nous appelons *entre-cœurs* ou *faux bourgeons*.

A l'automne ou au printemps suivant, la marcotte simple est bonne à être livrée au commerce. Nous la sevrons donc en un seul coup, au moment de l'enlever, et une fois arrachée, nous supprimons le plus faible de ses deux sarments, afin de rendre moins volumineux les ballots destinés à l'expédition (*fig.* 5).

Nous ne nous bornons pas à faire des marcottes simples; nous faisons, en outre, la marcotte en panier, ou *chevelée en panier* de Thomery. Nous procédons pour celle-ci comme pour le marcottage simple; seulement, au lieu de coucher le sarment dans la terre, nous le couchons dans un panier contenant du terreau au tiers de sa hauteur, ou dans un mélange de terreau et de bonne terre. La marcotte se trouve engagée à travers les osiers de la base du panier qui n'est enterré qu'à la profondeur de 10 centimètres.

Les paniers destinés au marcottage n'ont qu'une anse. Ils mesurent 28 centimètres de longueur sur 20 de largeur au sommet, 19 de longueur sur 14 de largeur à la partie inférieure, et 16 de profondeur.

A l'automne ou au printemps suivant, nous sevrons en A (*fig.* 6) au moment d'arracher et d'expédier; et comme alors les paniers sont un peu détériorés, nous

les plaçons tels quels dans des paniers neufs, capables
de résister au transport. Par ce moyen, les plants ar-

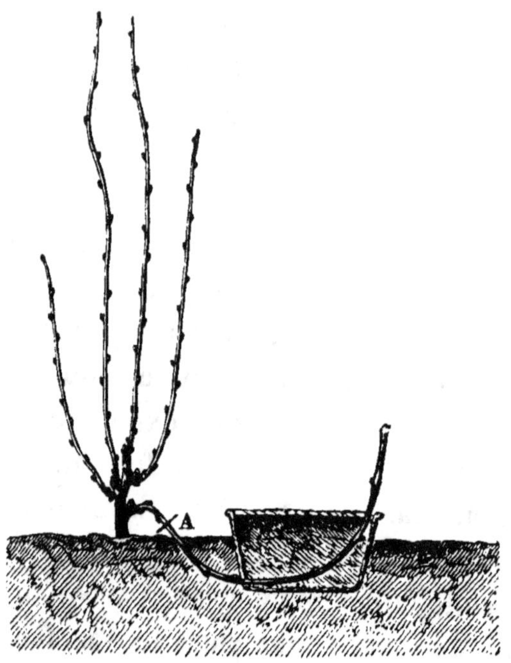

Fig. 6. — Chevelée en panier.

rivent en mottes à destination, sans être aucunement
endommagés.

Le quatrième mode de multiplication de la vigne
consiste dans le *greffage*.

Nous greffons toutes les fois que nous avons à substituer une bonne variété à une variété défectueuse
ou à un plant dégénéré; nous greffons aussi lorsque
nous voulons hâter la fructification d'un plant nouveau. Autrefois, on greffait en fente, ce qui ne réussit
pas très-bien; maintenant on a changé de méthode,

et les cultivateurs de Thomery ont adopté celle qui
nous est propre. Elle consiste en ceci : On rabat le cep

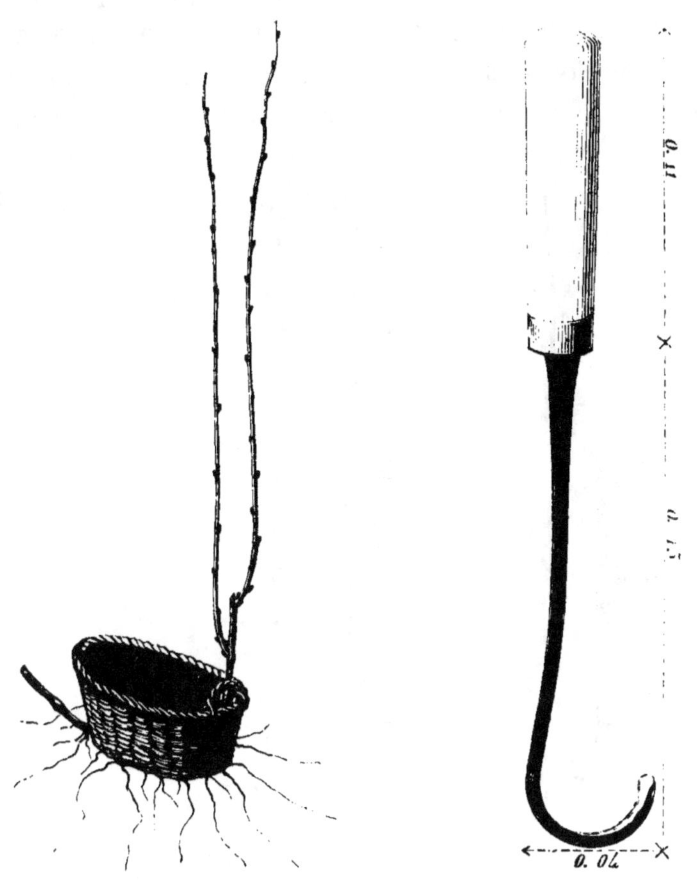

Fig. 7. — Chevelée sevrée.   Fig. 8. — Gouge à greffer.

le plus ordinairement à 20 ou 25 centimètres du sol
et l'on ouvre une rainure (*fig.* 9) sur le côté le plus
lisse de ce cep, à l'aide de la gouge courbée que nous
figurons ici. La rainure exécutée, nous prenons un
plant enraciné et nous y ajustons le sarment, après
l'avoir écorcé du côté de l'entaille, c'est-à-dire dans

la partie qui doit s'y engager davantage. En somme,
c'est tout bonnement le greffage par approche, un peu
modifié. Le vieux cep sert de sujet, et le plant enraciné, que l'on met à côté, sert de greffe. La reprise
des racines de ce plant favorise évidemment la sou-

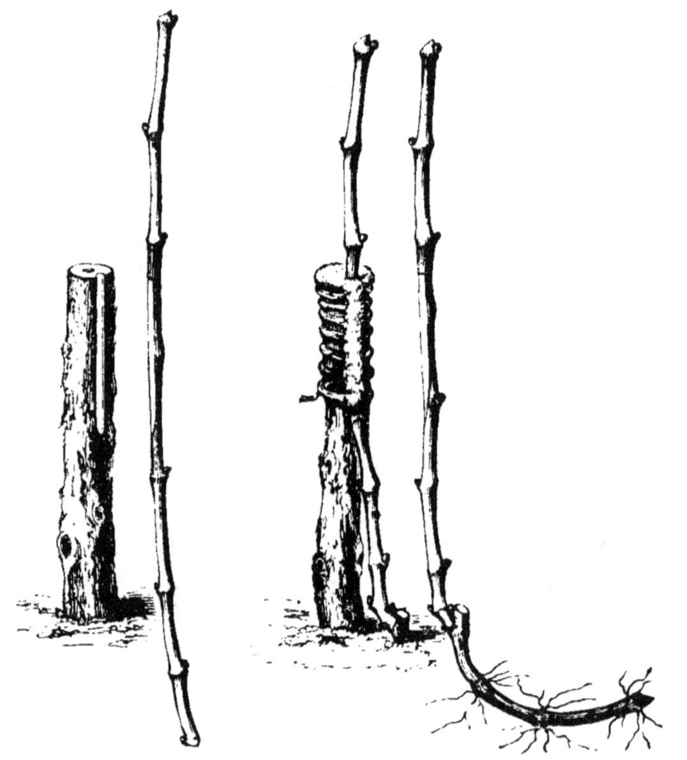

Fig. 9. — Greffe par bouture.   Fig. 10. — Greffe par chevelée.

dure des tissus au point de rencontre du jeune bois
avec le vieux bois.

Rien n'empêche, à défaut de plant racineux, de
greffer de la même manière une simple bouture.

Il n'est pas absolument nécessaire de raccourcir le

cep pour exécuter l'opération ; on peut très-bien greffer ainsi à différentes hauteurs et sur une même vigne. autant de variétés qu'on le désire. Ce travail se fait au moment où la séve commence à remuer.

Dès que les greffes sont appliquées dans les rainures ou entailles ouvertes à la gouge, on les maintient avec de la laine *corde* et on recouvre la plaie d'une cire liquide ou d'un mastic quelconque. Nous laissons deux ou trois bourres à nos greffes, au-dessus du point de soudure (*fig.* 10).

La reprise a lieu dans le courant de juin. Alors tous les bourgeons partent, et quand les pousses ont 10 ou 12 centimètres de longueur, nous supprimons la plus faible et laissons les deux plus fortes. Pendant le cours de la végétation, il est essentiel de ne pas enlever les entre-cœurs, il suffit de les pincer au-dessus de la première feuille, autrement les yeux pourraient se développer par anticipation.

Préparation du terrain, engrais et plantation. — S'agit-il de planter de la vigne en espalier, nous défonçons le terrain avec la tournée (*fig.* 11), à 1 mètre de profondeur sur 2ᵐ,50 de largeur au moins. Le mieux est d'exécuter ce travail en été pour planter à l'automne. Parfois, cependant, ce qui vaut moins, on l'exécute avant l'hiver pour planter au printemps.

Lorsque nos terrains sont très-légers, nous y transportons de l'argile, en vue de les amender, de leur donner du corps; lorsqu'ils sont caillouteux, nous leur appliquons également des terres rapportées.

Pour ce qui est de l'engrais, nous nous en tenons

le plus ordinairement au fumier de cheval et de vache, mélangé à peu près par parties égales de l'un et de l'autre. Comme nous n'avons ni le temps ni les res-

Fig. 11. — Tournée.

sources fourragères nécessaires à l'élève du bétail, nous achetons le fumier au dehors, à Montereau principalement, et ne l'employons qu'à demi consommé. Rendu à Thomery, il nous revient au moins à 15 francs le mètre cube. Nous nous en servons de deux manières : tantôt, on l'enterre, tantôt on l'applique en couverture à la surface du sol. Se propose-t-on de l'enterrer, on ouvre sur la longueur de la plate-bande, à 10 centimètres seulement de la treille, une tranchée de 15 centimètres environ de profondeur, sur 50 à 60 de largeur, et l'on y met le fumier sans le tasser, sur une épaisseur de 10 centimètres. On recouvre immédiatement l'engrais. Quand on l'étend en couverture, on l'enterre nécessairement en labourant le terrain.

Après le fumier qui est, sans aucun doute, notre engrais par excellence, nous recommandons l'*engrais d'Aubervilliers*, celui qui est composé spécialement pour la vigne. Personne autre que nous ne l'a encore employé à Thomery, mais nous nous en trouvons bien. Nous l'appliquons comme le fumier de ferme, mais à plus petite dose. D'après la déclaration du marchand, cet engrais d'Aubervilliers contiendrait 4 p. 100 d'azote, 15 p. 100 de phosphate et 5 de potasse. Les 100 kilogrammes rendus à la gare de Thomery nous coûtent 21 francs.

Personnellement, nous avons essayé de divers autres engrais du commerce, du guano proprement dit et de quelques guanos artificiels. Tous, sans exception, valent peu de chose, à notre avis, et, dans le nombre, il en est un qui communique au raisin une saveur de lessive très-désagréable.

La culture forcée nous permet d'utiliser en compost les feuilles de chêne qui ont formé nos accots en hiver. Nous nous servons de ce compost à la manière du paillis, c'est-à-dire en couverture, et n'avons qu'à nous en louer.

Nous savons très-bien qu'en dehors des engrais que nous employons, il y en a d'autres propres à la vigne, mais la difficulté de se les procurer ici et leur prix élevé nous en interdisent l'usage. D'ailleurs, on voudra bien remarquer que nous n'écrivons pas un traité complet de viticulture, et que nous entendons nous renfermer dans les pratiques spéciales à Thomery.

Quelques amateurs, parmi ceux qui. à diverses reprises, nous ont honoré de leur visite, ont dit et écrit que nous devions une partie de nos succès au pavage du terrain occupé par nos treilles. Cette assertion, il faut le reconnaître, n'est pas exacte. Il n'y a de pavés que dans les cours de notre maison d'habitation, et par conséquent autour des ceps qui en garnissent les murs intérieurement. Nous ne nous en plaignons pas, loin de là ; ils entretiennent la fraîcheur, ils empêchent que l'on ne dérange les radicelles et s'opposent aux ravages des vers blancs, ou larves de hannetons ; mais nous prenons la liberté de faire observer que nos pavés sont disjoints, et que les vides permettent à l'air et à l'eau de s'introduire dans le sol. Des pavés qui seraient réunis avec du mortier de chaux ou de larges dalles étroitement rapprochées les unes des autres, seraient d'un mauvais effet. Il y a lieu de croire aussi que dans un terrain maigre et avide d'engrais, le pavage deviendrait à la longue plus nuisible qu'utile aux treilles, attendu qu'il s'oppose aux fumures copieuses, et que les avantages dont nous parlions tout à l'heure, ne rachèteraient pas le gros inconvénient que nous venons de signaler.

En définitive, le pavage ne saurait être rangé parmi nos procédés de culture. Nous pavons nos cours bien qu'il s'y trouve des treilles, mais non dans le but de les favoriser.

Il est évident que si le pavage avait l'influence qu'on lui prête, il faudrait bien vite paver toutes les plates-bandes de nos jardins de Thomery. Nous n'aurions plus ni labours à faire ni engrais à acheter.

Il y a quelque chose de préférable aux pavés dans les cours où l'on élève des treilles : c'est la *grève* ou gros sable de rivière. Il entretient la fraîcheur et équivaut presque à un paillis.

A présent que notre terrain est défoncé, préparé, et

Fig. 12. — Plantation de la chevelée en panier.

que nous savons à quoi nous en tenir sur le mérite des engrais, arrivons aux détails de la plantation.

On plante la chevelée en panier de façon que l'extrémité du pied enraciné se trouve à un mètre du mur. et l'on a soin de briser, ou mieux de fendre la partie du panier rapprochée de ce mur, afin de faciliter le couchage de la tige qu'on relève au pied de l'espalier, en laissant deux ou trois yeux ou bourres sortir de terre. La tranchée que l'on ouvre avec la houe (*fig.* 13) ou la tournée, selon la nature du sol. est de 1^m,20 de lon-

gueur transversalement à la plate-bande, de 0^m,30
de profondeur en moyenne et de 0^m,40 de largeur
pour chaque chevelée. Mais ceci ne s'applique rigoureusement qu'à une plantation de détail, quand il
s'agit de regarnir un mur de loin en loin. Lorsqu'on
fait une plantation d'ensemble, ce qui a lieu au début

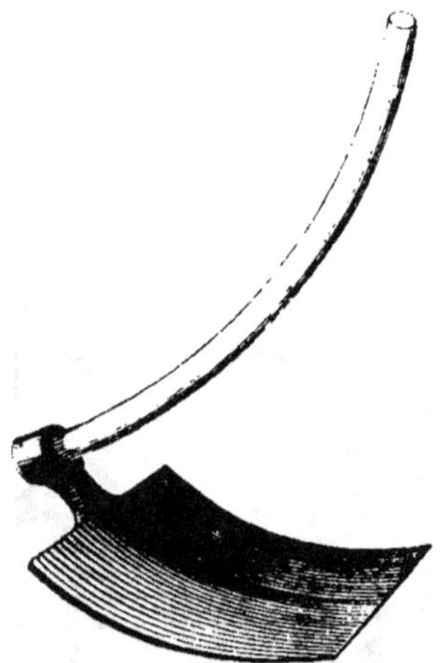

Fig. 13. — Houe.

d'une culture, on n'ouvre pas une fosse ou tranchée
pour chaque plant isolément. Comme les chevelées ne
doivent être qu'à 40 centimètres l'une de l'autre, il
devient plus simple d'ouvrir la tranchée sur toute la
longueur du mur que de s'embarrasser en mesurant
et ménageant de petits intervalles. D'ailleurs, il y a
profit à remuer tout le terrain.

Une fois cette opération principale terminée, on
plante à la distance convenue, et après la plantation,
on met sur toute l'étendue de la tranchée de 8 à
10 centimètres de terreau; puis là-dessus 8 ou 10 cen-

timètres de terre ordinaire, pas davantage. Cette couverture de 16 à 20 centimètres suffit pour la première année. Les paniers qui renferment les chevelées ne sont donc que tout juste recouverts. Il va sans dire que, pendant les sécheresses, on pourra étendre un paillis et arroser au besoin.

Nous allions omettre une recommandation essentielle. Lorsque les chevelées en panier, destinées à la plantation, ont deux sarments (ce qui arrive presque toujours, tandis qu'il n'en est jamais ainsi avec les chevelées simples), on supprime le plus faible au moment du couchage. Le plus gros, relevé à son extrémité et non taillé, si la plantation a lieu en automne, sera attaché à un tuteur. La taille n'aura lieu qu'au mois de mars, à trois yeux au-dessus de terre.

La seconde année après la plantation, on jette dans la tranchée 8 ou 10 centimètres de bon fumier consumé, et immédiatement on recouvre de terre jusqu'au niveau du sol.

Ce que nous venons de dire s'applique exclusivement à la plantation des chevelées en panier.

Pour ce qui est des chevelées simples, on doit les planter à 30 centimètres de profondeur, et de façon que l'extrémité de la partie enracinée soit à 1 mètre du mur. On couche chaque chevelée jusqu'à 40 ou 50 centimètres de ce mur, puis on relève l'extrémité du sarment et on l'attache à un tuteur, après avoir toutefois, comme pour la chevelée en panier, mis d'abord l'engrais et la terre. Une année ou deux plus tard, selon le plus ou moins de vigueur de la végétation, on termine le couchage jusqu'au pied du mur, on relève l'extrémité du sarment contre un tuteur et on taille comme sur la chevelée en panier.

Taille de la vigne. — La taille est la première opération qui suit la plantation de la vigne. Ainsi.

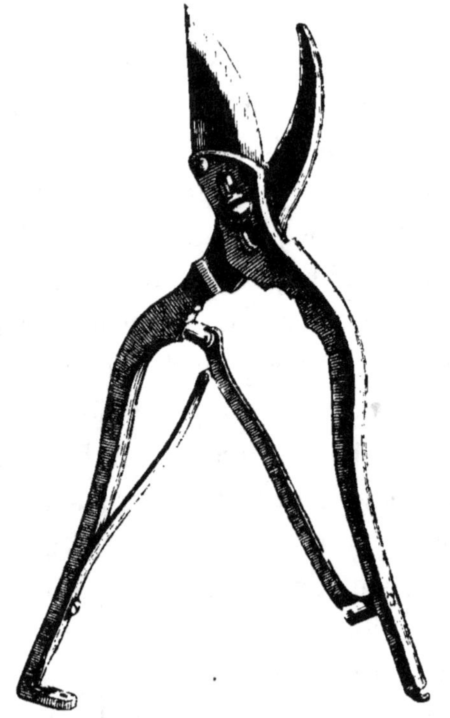

Fig. 14. — Sécateur de Digard.

procédons avec ordre et parlons de cette taille, que nous exécutons avec un sécateur de Digard aussi estimé à Thomery que l'est celui de Lemaignen à Montreuil.

La taille pour les espaliers commence vers le 1er février, si le temps le permet. Autant que possible, on ne doit pas tailler pendant les gelées.

Pour les contre-espaliers, nous ne taillons qu'au mois de mars, lorsque le travail est fini sur les espaliers.

La marcotte nous a donné ses deux pousses de l'année, c'est-à-dire deux sarments. Nous supprimons le plus faible à sa base, et nous taillons le plus fort au niveau du premier fil de fer qui est à 30 centimètres du sol. Après cela, nous attachons le sarment taillé au tuteur de dressage, avec de l'osier. Plus loin, nous indiquerons les opérations de taille nécessaires pour donner aux treilles les diverses formes adoptées.

Maintenant que nos treilles sont établies, rappelons-nous que chaque courson a donné dans l'année un ou deux sarments. Il s'agit donc de tailler ces sarments. Si nous en avons deux, nous supprimons le plus faible à la base, nous gardons le plus fort pour porter fruit et nous le taillons à deux yeux, y compris l'œil du talon. Si, cependant, le sarment le plus fort que nous venons de conserver, était moins bien placé que le plus faible, nous devrions tailler le plus faible au-dessus de l'œil du talon qui produira le sarment à fruit pour l'année suivante, sarment dont il faudra favoriser le développement, en pinçant l'autre, c'est-à-dire le plus fort, immédiatement au-dessus de la dernière grappe.

Si, au lieu de deux sarments, nous n'en avons qu'un, nous le taillons également à deux yeux. Lorsque le courson se trouve trop allongé et qu'une pousse s'est faite à la base sur le vieux bois, nous la protégeons par le moyen indiqué plus haut, autrement dit, nous en favorisons le développement en pinçant les sarments de l'année au-dessus des dernières grappes, et l'année suivante, ou bien au bout de deux ans, quand on suppose le rameau de remplacement assez fort pour porter fruit, nous rabattons le courson à proximité de ce rameau ou sarment.

Entretien du sol pendant la végétation. — Après la taille, dans le courant d'avril, nous donnons un unique labour avec le *crochet*, dont voici la figure.

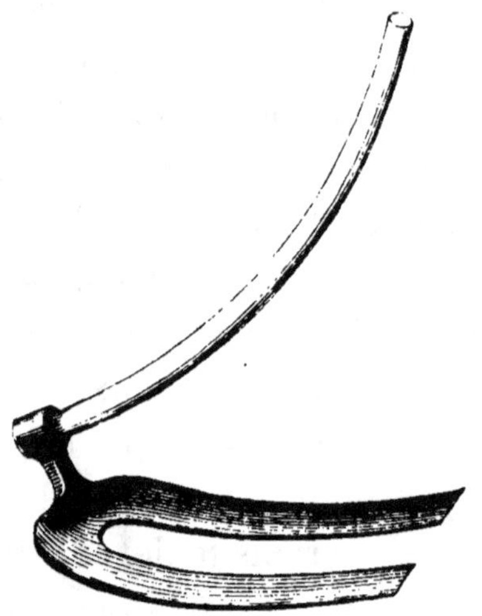

Fig. 15. — Crochet.

Par ce labour, nous enterrons nécessairement les engrais qui peuvent se trouver en couverture. Au lieu de le pratiquer avec le crochet, c'est-à-dire à bras, rien n'empêche de se servir d'une petite charrue à un cheval. La besogne est moins parfaite, sans doute, mais en revanche, l'économie de main-d'œuvre devient très-sensible dans la culture des contre-espaliers.

Il n'est pas nécessaire d'ajouter qu'au fur et à mesure des besoins, nous débarrassons nos vignes des mauvaises herbes par des binages superficiels. Pour ce qui est des autres travaux d'entretien, tels que pincement, ébourgeonnement, suppression des entre-cœurs, des vrilles, cisellement, effeuillage partiel, etc., il en sera question dans la seconde partie de ce livre, à l'occasion de la conduite des treilles sous différentes formes et des soins à donner au fruit. Cette première partie est consacrée aux généralités essentielles ; nous ne pourrions sortir du cadre que nous lui assignons, sans nous exposer plus tard à des redites qui ont le double inconvénient de fatiguer le lecteur et d'obscurcir les descriptions les plus claires. Quand un mot suffit pour caractériser une chose ou exprimer une idée, il n'y a pas nécessité d'en dire deux ou trois, de se répéter. Ce n'est point le volume du papier qui constitue la valeur d'un travail de ce genre ; c'est l'exactitude et la concision de ce qu'il contient.

Insectes et animaux nuisibles. — Pour en finir avec les soins généraux d'entretien, il ne nous reste plus qu'à vous entretenir de la destruction des insectes et animaux nuisibles à la vigne ainsi que de ses maladies. Les insectes et animaux nuisibles sont certainement moins nombreux à Thomery que dans les grands vignobles à vin du midi et de l'est de la France, mais bien qu'en petit nombre, ils nous donnent de grands soucis

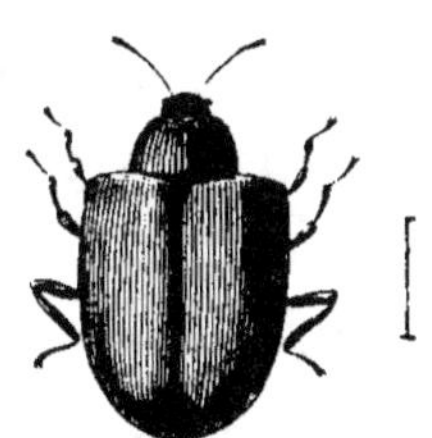

Fig. 16. — Eumolpe grossi.

et nous prennent plus de temps que nous ne voudrions leur en donner.

L'*eumolpe de la vigne* (*écrivain* ou *gribouri*) ne se rencontre pas en grand nombre dans nos jardins. Il existe surtout dans les serres ou le voisinage des serres à forcer. Nous avons donc à nous en plaindre un peu, mais ses ravages n'ont pas encore de gravité. Nous croyons savoir le moyen de le détruire. Il suffirait d'accorder une libre entrée aux poules ; malheureusement, nous cultivons des fraisiers de choix en bordure de nos plates-bandes, et les fraises mûrissent au moment où l'eumolpe s'attaque aux feuilles et aux jeunes grappes de la vigne. C'est pourquoi, nous nous contentons de les guetter et de les faire tomber sur une bande de toile ou dans la main.

Notre principale occupation du même genre, c'est l'échenillage et la chasse aux attelabes ou urbecs, au moment du départ de la végétation. Les chenilles dites *chenilles à bagues* ou *fileuses* se découvrent parfaitement le soir à la lumière. On passe doucement, à bas bruit, devant l'espalier, la lanterne en avant, et on les aperçoit se laissant glisser le long de leurs fils. On les saisit au passage avec la main et on les écrase. Ces chenilles font un petit trou sur le sommet ou le côté de la bourre et paralysent la végétation.

Une chenille que nous nommons ici *chenille jardinière*, longue d'environ 3 à 4 centimètres, grise, rayée en travers de lignes d'un vert sombre, fait de grands ravages. Elle est en petit nombre heureusement ; elle vit solitaire, se cache le jour et se montre la nuit à partir de 9 heures du soir. Elle peut dévorer trois à quatre bourres dans une nuit.

Une autre chenille, plus grosse que la précédente, de couleur jaune et à poils noirs, longue de 6 centimètres, et vivant souvent dans le mouron des oiseaux (*stellaire moyenne* des botanistes), ne se cache pas dans le jour et coupe les bourgeons.

Quant aux *urbecs*, ils se tiennent pendant la journée derrière les treillages ou derrière les pieds de vigne. Ils ne sont pas nombreux heureusement, car tout le monde est intéressé à leur faire et leur fait une guerre active.

Nous avons encore à nous plaindre d'un insecte désigné ici sous le nom de *ver*. Au moment de la floraison, ordinairement à la suite des temps humides, de petites larves d'un blanc jaunâtre envahissent les grappes, s'y font un logis avec les débris de la fleur, mangent les petits grains, s'introduisent souvent dans la râfle et les gros grains, et causent un préjudice assez important. Alors, on les cherche avec soin, on les retire avec les doigts et on les écrase. Telle est l'opération que nous nommons *éverrage*.

Le moment de la maturité commande une surveillance active. Nous avons à nous défendre alors des guêpes et des moineaux. On fait rechercher de tous côtés dans la commune, par les gardes et les enfants, les nids de guêpes qui peuvent se rencontrer sur le territoire. A mesure qu'on en découvre, on les marque avec un échalas, et le soir on se met en mesure de les détruire. A cet effet, tandis qu'un homme verse de l'eau froide dans le guêpier, un autre fourgonne à l'intérieur avec un bâton ou un morceau de fer. De cette manière, les guêpes périssent asphyxiées ou noyées dans la boue. On les détruit également avec une mèche soufrée que l'on allume et que l'on introduit dans le trou. Pour le petit nombre de guêpes qui échappent à ces massacres, et que nous ne voyons guère que dans les jardins avoisinant la forêt ou la rivière, nous suspendons aux fils de fer des espaliers des carafons au tiers ou à moitié remplis d'eau miellée.

On sait que les épouvantails ne peuvent rien contre les moineaux, qui parfois portent l'audace jusqu'à faire leurs nids dans le ventre des mannequins. Nous sommes donc forcés de les combattre à coups de fusil, et nous ajoutons que la Société protectrice des animaux aurait de la peine à nous persuader que les moyens de douceur seraient préférables à cette dure extrémité.

Nous avons à nous plaindre quelquefois de petites sauterelles vertes qui attaquent la pellicule de nos raisins avant la maturité, ce qui détermine la pourriture de quelques grains; mais le dégât se borne à peu de chose, et nous n'en parlons que pour mémoire. Le soir ou le matin, on s'en empare à la main, et on les tue. Vers le milieu du jour, elles se cachent sous les feuilles, dont elles ont la couleur, et ne sont pas faciles à découvrir.

Parmi nos plus rudes ennemis, nous devons citer aussi les souris, les mulots, et surtout les loirs qui font un dégât considérable au moment de la maturité. Pour se délivrer des souris et des mulots, on se sert de piéges ordinaires, ou bien de pâte phosphorée que l'on met par terre, au pied des murs, dans de petits godets masqués par une tuile, afin que les animaux domestiques n'y touchent point.

Pour ce qui est des loirs, leur destruction est moins facile. L'arsenic ne réussit pas bien; la noix vomique vaut mieux. Pour l'employer, nous faisons une omelette au lard, et, en guise d'assaisonnement, nous y mettons une bonne dose de cette noix vomique en poudre. On coupe ensuite l'omelette par petits morceaux du volume d'une noix; on les met dans de petits godets que l'on suspend en haut des murs au dernier fil de fer, car les loirs se promènent sous les chaperons et ne commettent leurs ravages qu'à la partie supérieure des espaliers. On peut encore les prendre en tendant de grandes souricières sous les chaperons. On amorce ces souricières avec de l'omelette ou du lard.

Voici un moyen encore inusité qui est efficace et que nous préférons aux précédents : on fait cuire des œufs au dur; quand ils sont cuits, on les coupe transversalement par le milieu; on y ajoute une certaine dose de noix vomique, et on suspend ces moitiés d'œufs entre le mur et le dernier fil de fer.

Quelques praticiens détruisent les loirs à coups de fusil, quand ceux-ci sortent, après le coucher du soleil, pour aller prendre leur nourriture. D'autres enfin se contentent de leur barrer le passage, au moyen de branches de houx engagées entre le chaperon et le dernier fil de fer. Ce dernier stratagème les éloigne.

MALADIES DE LA VIGNE. — La plus grave de toutes est certainement l'*oïdium*. Elle date chez nous de 1849 ou 1850. Elle commence quand les bourgeons ont à peu près 30 ou 40 centimètres de longueur, et s'annonce par de petits points grisâtres sur les feuilles. Au bout de huit ou dix jours, ces petits points s'élargissent et finissent par envahir toute la feuille, qui, alors, perd sa nuance gaie et s'assombrit. C'est surtout par le revers de la feuille que l'affection se produit; puis elle traverse le tissu du limbe, qui prend l'aspect d'une moisissure. Le bois se macule de noir. Quelquefois les grappes sont atteintes, sans que le feuillage trahisse l'invasion de la maladie. Une poussière blanche à la surface, grisâtre en dessous, offrant à la loupe l'aspect d'une multitude de petits champignons, couvre les grains de la grappe, et présente toujours à la loupe l'aspect d'un pointillé brun. Le développement du grain s'arrête; il durcit, se fend, et finit par laisser entrevoir les pepins. La grappe devient noire, et se dessèche complétement.

En 1850, nous employâmes contre l'oïdium la fleur de soufre, après avoir mouillé la vigne, ce qui rendait le raisin sale et invendable. Nous employâmes aussi l'hydrosulfate de chaux ou eau Grizon. En 1851, l'eau manqua, et nous nous servîmes de fleur de soufre seule, sans mouillure préalable, sur environ 100 mètres de mur. Le résultat fut excellent. L'année suivante, nous reprîmes le même procédé, et au lieu d'en faire mystère, nous laissâmes ouvertes toutes les portes de nos jardins, afin que chacun pût voir notre manière d'opérer. L'exemple fut bientôt suivi. Par cela même que notre méthode de soufrage dispensait de l'eau ainsi que de son pénible et coûteux transport, les viticulteurs de Thomery en saisirent de suite l'avantage capital.

La première année du soufrage, alors qu'on mouillait la treille d'abord, on se servit du soufflet Gontier pour lancer et éparpiller la fleur de soufre. L'année suivante, nous fîmes améliorer ce soufflet par le zingueur Gaffé, de Fontainebleau ; et cet instrument modifié est resté le meilleur jusqu'à présent.

Dans ces derniers temps, M. Pauwels a imaginé un ventilateur portatif, facile à manier, et qui peut-être détrônera le soufflet.

Quant à la houppe, très-recommandée dans les vignobles, elle ne saurait nous servir pour le soufrage des treilles. On l'a essayée, et l'on s'est aperçu qu'elle ne répartissait pas le soufre d'une manière convenable.

L'opération du soufrage fait nécessairement partie des travaux d'entretien exigés par la vigne pendant le cours de sa végétation. Nous y reviendrons donc en temps et lieu.

Miellée. — Avant l'apparition de l'oïdium, on remarquait sur les treilles des terrains légers, sablonneux, et depuis plus de cinquante ans, une affection particulière, appelée *miellée*. Elle consistait en une croûte grise sur le dessus des grains, et les feuilles étaient également tachées. La végétation s'arrêtait, et le grain se crevait comme avec l'oïdium. Depuis l'emploi du soufre, la miellée a disparu.

Jaunisse et *panachure.* — Lorsqu'une vigne a porté

trop de raisins et qu'on n'a pas eu soin de la soulager, voici ce qui se passe l'année suivante : la feuille devient jaune ou se panache, les jeunes rameaux s'étiolent et se recroquevillent à l'extrémité ; les raisins sont maigres, la pellicule est d'un jaune clair transparent, et les grains ne grossissent pas. Le mieux est de supprimer la récolte pour rétablir la treille. Il est donc avantageux de ne jamais laisser une surcharge de fruits, puisqu'elle entraîne un sacrifice l'année suivante.

On doit fumer à l'automne, et même pendant l'été, ces vignes malades.

Maladie de misère. — Quand un sol sablonneux et léger est épuisé, les pieds des treilles ne grossissent plus, les feuilles restent petites et sont dentelées comme des feuilles d'ortie ; les raisins sont maigres. Pour rétablir ces vignes, il faut mélanger des terres argileuses avec du fumier, ouvrir une fosse de 2 mètres de largeur au pied de l'espalier, jusque sur les pieds mères, y mettre de ce mélange sur une épaisseur de 20 centimètres, recouvrir avec de la terre ordinaire, et compléter l'opération par un paillis copieux.

DEUXIÈME PARTIE

DU CHARPENTAGE ET DE LA CONDUITE DES TREILLES EN PLEIN AIR

La vigne se prête à des formes très-variées; mais il s'agit moins ici d'une nombreuse collection de formes que d'un choix sévère parmi celles qui doivent être recommandées. A Thomery, nous n'en adoptons que cinq. Ce sont les suivantes :

1° Cordon horizontal Rose Charmeux;

2° Cordon vertical simple à coursons alternes;

3° Cordon vertical Rose Charmeux à coursons alternes;

4° Cordon vertical Rose Charmeux à coursons opposés;

5° Cordon oblique.

Cordon horizontal Rose Charmeux. — Autrefois, on étageait régulièrement les cordons de vigne en manière d'escalier. Le cep n° 1 faisait le premier cordon; le cep suivant ou n° 2, le second cordon; le troisième cep, le troisième cordon, et ainsi de suite. Cette disposition primitive avait l'inconvénient de gêner les cordons inférieurs, dès leur jeunesse, de les contrarier par l'ombrage des cordons supérieurs; en sorte que ceux du dessous, privés d'air et de lumière, étaient faibles comparativement aux autres. Mon père fut le premier à remarquer cet inconvénient et à chercher une disposition charpentière plus convenable. Il conçut le projet, mais il ne vécut pas assez pour le mettre à exécution. Cette besogne nous était réservée.

Il s'agissait de substituer à l'ancien cordon horizontal la forme que voici (*fig.* 17) : — Notre cep n° 1 forme le premier cordon. Le cep qui vient ensuite porte le n° 3, parce qu'il est destiné à faire le troisième cordon. Par cette disposition, on voit que le premier cordon n'a pas à craindre l'ombre projetée par le cep qui avoisine son pied. Vient ensuite le troisième cep que nous nommons le n° 5, parce qu'il est destiné à constituer le cinquième cordon, tout à fait supérieur. Le quatrième cep portant le n° 2 doit former le deuxième cordon. Le cinquième cep est notre n° 4, appelé à faire le quatrième cordon. Si nous plantons six ceps au lieu de cinq, notre sixième cep devient le n° 1 d'une autre série. De cette façon, les différents pieds de treille ont entre eux, dans le sens de la hauteur, et pendant leur jeunesse seulement, bien entendu, l'intervalle vide de deux cordons, tandis que dans le principe, avec la forme ancienne, l'intervalle se réduisait à un seul cordon.

Nous plantons nos ceps à 40 centimètres de distance, et nous ménageons entre nos cordons une distance de 42 à 45 centimètres, selon la hauteur des murs. La

plus petite distance est pour les murs les moins élevés, et la plus grande distance pour les murs les plus
élevés.

Maintenant que nos dispositions générales sont ar-

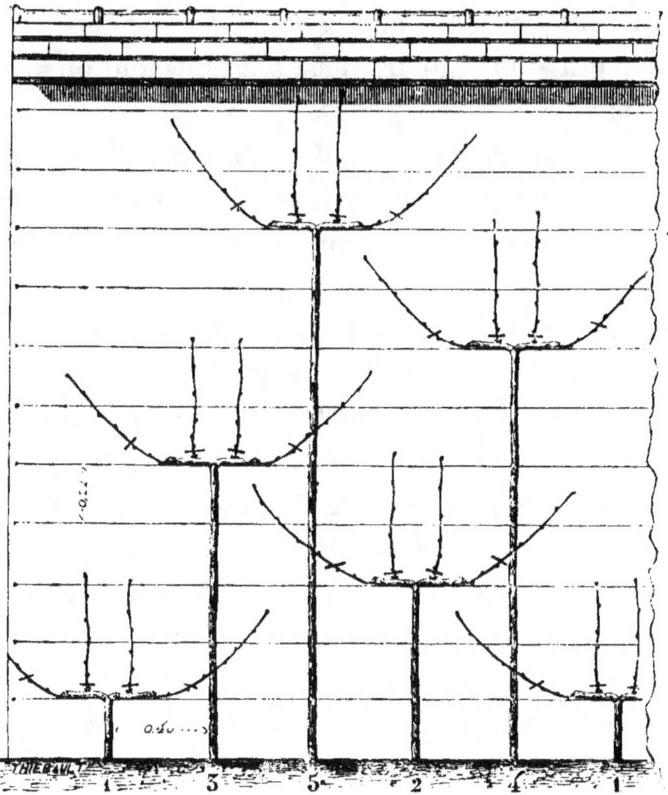

Fig. 17. — Cordon horizontal Rose Charmeux.

rêtées, que nos ceps sont plantés, que la place de nos
cordons est marquée au mur ou au treillage, si treillage il y a, il nous reste à exécuter la formation de nos
cinq cordons.

On se rappelle que nous avons taillé chaque cep à

deux yeux en le plantant, que ces deux yeux ont
donné d'abord deux rameaux herbacés, et que le plus
faible de ces rameaux a été supprimé au moment de
l'ébourgeonnement, lorsqu'il n'avait encore que 8 ou
10 centimètres. L'autre a continué de végéter, et nous
a donné un sarment ligneux ou *aoûté*, que nous avons
dressé contre un tuteur. C'est à ce sarment que nous
avons affaire.

Nous commençons par notre jeune cep n° 1. Lorsque son rameau herbacé a dépassé le premier cordon
de la hauteur de quatre yeux à peu près, nous supprimons, avec la serpette ou les ongles, cette partie de
rameau, au-dessus de l'œil qui se trouve à 1 ou 2 centimètres au-dessous de la ligne de fil de fer qui doit
soutenir le cordon. Quelquefois cependant, disons-le
bien vite, l'œil n'est pas placé aussi bien qu'on le dé-
sirerait, et alors, bon gré, malgré, il nous faut pincer
ou plus bas en dessous du fil de fer, ou plus haut en
dessus. Dans le premier cas, pour ressaisir le niveau,
on doit, au printemps suivant, à l'époque de la taille,
déchausser le cep avec précaution jusqu'aux racines,
et le soulever délicatement jusqu'à ce que l'œil soit au
niveau nécessaire. Dans le second cas, le cep doit être
également déchaussé et enfoncé un peu avec le pied.
afin de faire descendre l'œil au niveau en question.

Nous supposons le niveau établi et le pincement
exécuté. Il se développe un rameau anticipé que nous
nommons *entre-cœur*, à Thomery, et que, sur d'autres
points, on nomme *aileron*. On devra supprimer cet
entre-cœur, aussitôt qu'il aura 1 ou 2 centimètres de

longueur. Grâce à cette suppression, l'œil terminal profitera de toute la séve. Dans le cas où d'autres entre-cœurs se développeraient au-dessous de cet œil, on les supprimerait également, toujours pour le favoriser.

Notre œil terminal poussera immédiatement et atteindra l'année même un développement suffisant, quoique variable. Il s'aoûtera et fournira à sa base, à droite et à gauche, plutôt deux yeux qu'un, de chaque côté.

Au printemps suivant, au moment de la taille, nous coupons notre sarment pincé l'année d'avant, et le coupons au-dessus des yeux de la base, comme nous l'indiquons ici (*fig.* 18). Ces yeux se développent nécessairement. Nous choisissons parmi les rameaux herbacés qui en sortent, le mieux conformé de chaque côté ; et dès que ceux-ci paraissent à l'abri de tout accident, nous enlevons les autres rameaux herbacés dont nous n'avons plus besoin.

Fig. 18. — Taille en vert destinée à former les deux bras d'un cordon.

Ce sont nos deux rameaux de réserve, opposés l'un à l'autre, qui formeront les deux bras du cep et lui donneront la forme d'un T. Tant que ces rameaux sont herbacés, on les palisse obliquement, de manière à ne pas les rompre : puis. lorsqu'ils sont en partie ligneux ou à bois, on les incline doucement sur le fil de fer ou cordon, auquel on les accole avec du jonc, sans trop les serrer. On pince ces jeunes pousses dès qu'elles ont atteint environ 1 mètre de développement. La date de l'opération dépend nécessairement du plus ou moins de vigueur de la végétation. Les entre-cœurs ou ailerons qui poussent sur ces rameaux pendant qu'ils se développent, doivent être pincés au-dessus de leur première feuille, non-seulement afin de favoriser la croissance des rameaux en question, mais aussi dans le but d'empêcher les yeux de se développer par anticipation.

Ce procédé, imaginé par nous, donne des résultats très-satisfaisants, parce que la répartition de la séve se fait également par les deux bras. Nous le préférons de beaucoup à l'ancien mode qui consistait à former les cordons par la courbure du sarment au-dessus d'une bourre qui se développait de suite. Par ce vieux procédé, la partie coudée du sarment reçoit moins de nourriture que l'autre bras qui a toujours une tendance à absorber les deux tiers de la séve, même quand il a été soumis à l'arcûre.

Nous venons de parler de la formation des deux bras d'une vigne au moyen du pincement. On peut les obtenir encore par un autre moyen qui consiste en ceci : au lieu de pincer le rameau herbacé qui doit nous donner les deux branches du T, nous laissons ce rameau se développer, nous le maintenons par l'accolage et pinçons les entre-cœurs à une feuille, c'est-à-dire au-dessus de la première feuille. Au printemps suivant, nous pratiquons la taille au-dessus de l'œil le plus rapproché du cordon. Et, dans le cas où cet œil serait trop bas ou trop haut, on s'y prendrait, pour l'élever ou l'abaisser, comme l'on s'y prend avec la méthode du pincement dont il vient d'être parlé.

Une fois la taille faite, les yeux ou bourres partent des différents nœuds qui se trouvent dans toute la longueur réservée. Nous ébourgeonnons en grande partie les rameaux herbacés provenant de ces bourres; nous ne conservons que les trois, quatre ou même cinq sortis des yeux supérieurs. Nous palissons verticalement le rameau de l'extrémité et le pinçons lorsqu'il a atteint un mètre de hauteur. Pour ce qui est des autres rameaux, nous les palissons obliquement et les pinçons à 50 ou 60 centimètres, suivant la force de la végétation. Ces rameaux obliques nous donnent du fruit, ainsi que le rameau vertical, et modèrent l'ascension de la séve vers l'extrémité. Il n'est pas nécessaire d'ajouter que pendant le cours de la végétation, on doit pincer les entre-cœurs au-dessus d'une feuille et même les rameaux herbacés qui se développeraient par anticipation.

L'année suivante, les sarments que nous venons de palisser obliquement sont taillés au-dessus de deux yeux apparents, toujours dans le but d'obtenir du fruit. Quant au sarment vertical qui forme tige, nous le coupons au-dessus de deux yeux opposés, les plus rapprochés du talon, afin que ces deux yeux fassent en se développant les deux bras du cordon. Nos sarments inférieurs, c'est-à-dire les obliques, sont taillés de même sur deux bourres. Ces deux bourres émettent deux rameaux fructifères que l'on pince immédiatement au-dessus de la première grappe, et que l'on supprime l'année d'après, afin d'aider au développement des deux bras qui doivent être palissés horizontalement. Chacun de ces deux bras devra être pincé ou arrêté à 1 mètre ou 1^m,50 de longueur, selon la force de la végétation.

Nous conseillons surtout le premier mode de formation en T par le pincement, mais nous faisons remarquer que le second procédé que nous venons de décrire peut être appliqué dans le cas où l'un des deux rameaux destinés à former les bras, viendrait à être enlevé par un accident quelconque, ou bien encore dans le cas où il prendrait fantaisie au propriétaire de retarder d'un an la formation du T.

Quel que soit le mode adopté, supposons la charpente de notre cordon horizontal établie. Il s'agit à présent d'obtenir les rameaux fructifères sur les deux bras. A cet effet, au printemps, nous taillons chaque bras au-dessus de trois yeux bien visibles, à partir de la tige. Le troisième œil au-dessus duquel nous taillons, doit occuper le dessous du sarment, car il servira d'œil de prolongement, autrement dit, il fournira le rameau de l'année chargé de continuer le bras. Le deuxième œil, placé en dessus du sarment, fournira, lui aussi, son rameau de l'année qui, l'année d'après, sera taillé à deux yeux de la base pour former ce que nous appelons un *courson* (*fig.* 17). Le premier œil qui se trouve en dessous du sarment, au talon, tout près de la tige, devra être supprimé lors de l'ébourgeonnement.

Il va sans dire que l'opération, pratiquée comme nous venons de l'enseigner, sur un des bras du T, devra être faite en même temps et de la même manière sur l'autre bras.

Nous aurons donc l'année suivante un courson de chaque côté du T, et de chaque côté aussi un œil de prolongement destiné à allonger le bras et à donner de nouvelles séries de coursons chaque année. Ces coursons seront éloignés l'un de l'autre de 10 à 12 centimètres environ. Ceci dépendra plus ou moins des variétés cultivées et de l'étendue des entre-nœuds.

Lorsque nous avons formé trois coursons de chaque côté, nous ne taillons plus qu'à deux yeux le rameau de prolongement, de manière à ralentir le plus possible l'allongement des bras, à ne plus produire de coursons que tous les deux ou trois ans, et de manière encore à ce que le bras du cep n° 1 de gauche ne se rapproche pas à moins de 30 centimètres du bras du cep n° 1 de droite. Quand les deux bras des ceps placés sur le même plan, viennent se rejoindre, la récolte baisse, et il est nécessaire de raccourcir le vieux bois et de le remplacer par de jeunes sarments.

La seconde année, nous procédons avec le cep n° 2 comme nous avons procédé avec le cep n° 1. La troisième année, nous formons le T avec le cep n° 3 ; la quatrième année, nous le formons avec le n° 4, et la cinquième année avec le n° 5. Toutefois, chaque année, nous taillons nos différents ceps à la hauteur de celui qui va former le T. Il est inutile d'ajouter que chaque année aussi nous laissons aux ceps non formés des rameaux fructifères le long de la tige, rameaux que nous supprimons définitivement la première année de la formation du T. Ceci n'a d'autre but que de tirer parti des tiges en attendant que les bras soient faits.

Les opérations dont il vient d'être parlé s'appliquent à des vignes plantées à l'état de *chevelée en panier* ou en couchage peu vigoureux. Mais s'il s'agissait d'un couchage ou marcottage fait avec des pieds vigoureux, fortement enracinés, on pourrait parfois former les bras des cinq cordons en deux ou trois ans, et même en une seule année.

Cordon vertical simple à coursons alternes. — Le cordon vertical simple à coursons alternes s'applique aux espaliers de 2 mètres de hauteur et aux contre-espaliers de $1^m,20$ à $1^m,50$.

Commençons par l'application aux espaliers. En ce qui regarde la plantation et la première taille, nous nous y prenons comme avec la forme précédente, et il en sera de même pour toutes les autres formes dont nous aurons à vous entretenir. La première année, tous les ceps, plantés à 70 centimètres de distance, ne doivent conserver qu'un rameau bien maintenu sur le tuteur; le rameau le plus faible est constamment sacrifié. Si la végétation de celui que nous conservons est vigoureuse, nous l'arrêtons à 1 mètre de hauteur par le pincement.

L'année suivante, au printemps, c'est-à-dire au moment de la taille, tous les ceps de l'espalier doivent être taillés uniformément un œil au-dessus de la première rangée de fil de fer, c'est-à-dire à 30 ou 35 centimètres du sol. Tous les yeux se développent nécessairement et donnent de jeunes rameaux herbacés.

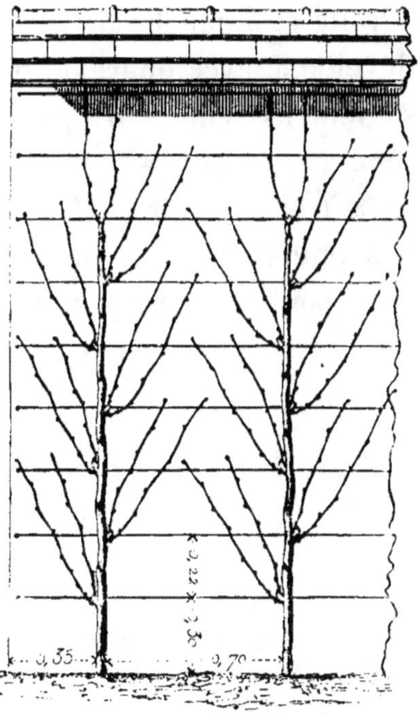

Fig. 19. — Cordon vertical simple à coursons alternes.

Nous conservons sur chaque cep les trois supérieurs. Le plus élevé des trois continuera la tige, celui du milieu formera un courson; le troisième, c'est-à-dire le plus inférieur, sera utilisé momentanément pour appeler la séve dans le cep et le nourrir par conséquent (*fig.* 20). Pour ce qui est des autres rameaux herbacés placés en dessous des trois dont il vient d'être parlé, nous les supprimerons tout à fait avec les ongles à l'époque de l'ébourgeonnement, alors qu'ils ont 5 ou 6 centimètres de longueur.

Lorsque cette opération est exécutée, nous palissons verticalement le rameau le plus élevé, dit rameau de prolongement; puis nous palissons les deux autres obliquement à droite et à gauche de la tige, et si la végétation se développe avec énergie, nous les pinçons tous trois à leur extrémité dès qu'ils atteignent 1 mètre de hauteur.

A l'époque de la troisième pousse, au printemps, nous supprimons entièrement le rameau inférieur; nous taillons celui du milieu à deux yeux pour former le courson. Quant au rameau supérieur, nous le taillons

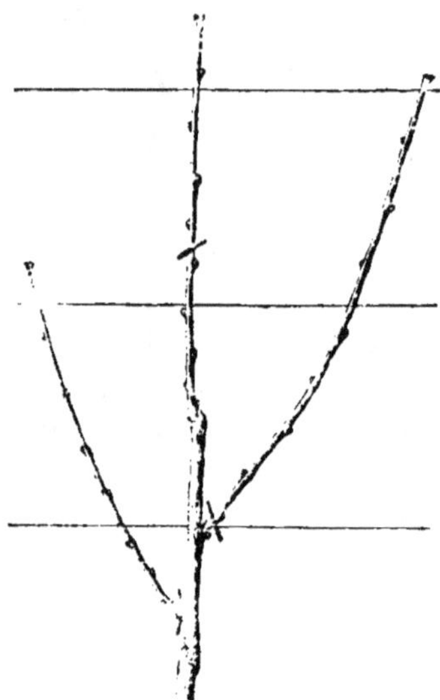

Fig. 20. — Taille de 3e année.

un œil au-dessus du deuxième fil de fer qui est à 22 ou 23 cenmètres du premier (*fig.* 20). En admettant que notre premier courson soit établi sur la gauche du cep, tous les premiers coursons des autres ceps devront être à gauche également. Afin d'alterner, on aura soin d'établir à droite tous les seconds coursons. Souvent on rencontre de petites difficultés quand il s'agit de placer les coursons à droite et à gauche dans un ordre régulier. Pour en triompher, on saisit le sarment avec la main, on lui imprime une légère torsion qui change au besoin la situation des yeux, et on l'attache solidement avec un osier pour qu'il ne bouge point de la position forcée à laquelle on l'assujettit. De cette façon, on établit indistinctement les coursons à droite et à gauche.

Dans le courant de l'année, les deux yeux ou deux bourres de notre premier courson de la base émettent deux rameaux, tandis qu'il en sort trois ou quatre du prolongement de la tige. A l'époque de l'ébourgeonnement, nous ne touchons pas aux deux rameaux herbacés du courson ; nous les conservons. Nous en gardons trois sur le prolongement de la tige, jamais plus, et sur ces trois nous palissons le supérieur verticalement et les deux autres obliquement, ainsi que ceux du courson. Nous avons donc en tout cinq rameaux herbacés palissés. Ils s'allongent, et, au temps venu, nous pinçons les deux du courson au-dessus du troisième fil de fer, et les trois autres à 1 mètre environ.

A la taille suivante, on supprime un des rameaux ligneux du courson, le plus éloigné de la tige, et on taille l'autre à deux yeux. Cependant, si ce dernier était trop faible, on le taillerait au-dessus d'un œil de la base et on garderait l'autre pour lui faire porter fruit, en ayant soin toutefois de pincer le plus fort des deux afin de fortifier le plus faible par un apport de séve.

Le troisième rameau, qui se trouve à gauche doit être supprimé ; le quatrième, qui se trouve à droite, près

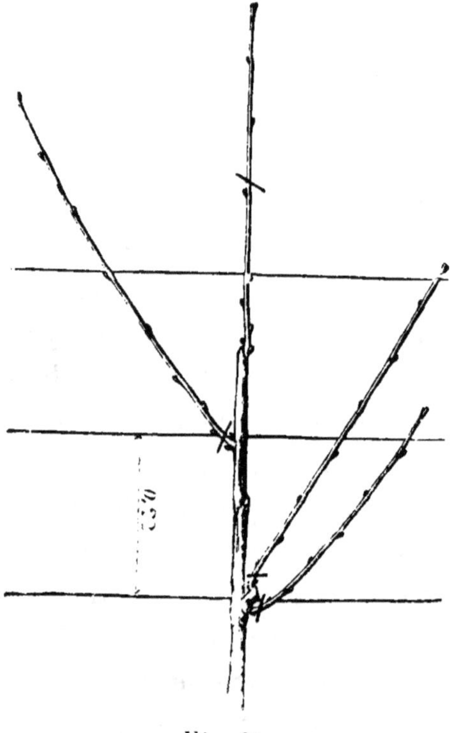

Fig. 21.

du second fil de fer, sera taillé à deux yeux pour former courson ; le cinquième, qui est le rameau vertical de prolongement, sera taillé un œil au-dessus du troisième fil de fer, et de manière qu'un œil se trouve à gauche de ce troisième fil de fer pour former le troisième courson, tandis qu'un œil du dessus continuera le prolongement, et ainsi de suite jusqu'au sommet du mur, en procédant toujours comme précédemment.

Pour appliquer ce système aux contre-espaliers, on

double le nombre des coursons ; chose facile. Il suffit, en effet, de ne pas supprimer à la taille le troisième rameau inférieur du prolongement dont nous avons conseillé tout à l'heure la suppression (*fig.* 22).

Cordon vertical Rose Charmeux à coursons alternes. — Cette forme diffère de celle qui précède, en ce que les pieds sont plantés à 40 centimètres les uns des autres, au lieu de l'être à 70 centimètres, et aussi

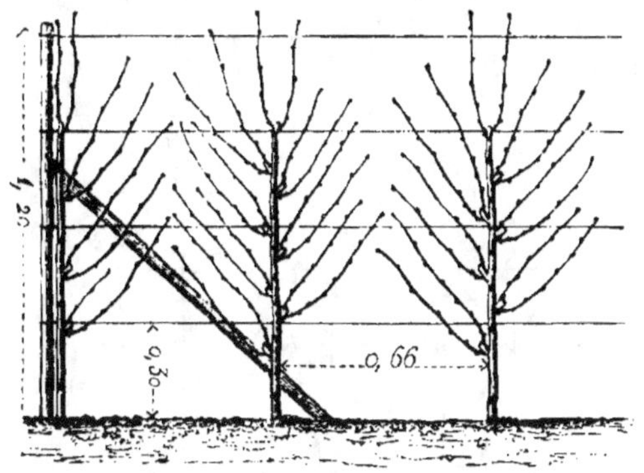

Fig. 22. — Contre-espalier (cordon vertical).

en ce qu'elle est applicable à des murs plus élevés, c'est-à-dire de 2^m,50 à 4 mètres et plus.

Le premier cep prend ses coursons à partir de la première ligne de fil de fer, et les continue jusqu'à la moitié de la hauteur du mur (*fig.* 23).

Le deuxième cep ne porte pas de coursons depuis la base jusqu'à la moitié du mur ; mais, à partir de là, il commence à les prendre et les continue jusqu'en haut (*fig.* 23).

Le troisième cep prend ses coursons comme le premier ; le quatrième comme le second, et ainsi de suite alternativement (*fig.* 23).

Quant aux ceps qui ne doivent coursonner qu'à partir de la seconde moitié du mur, on les taille de façon

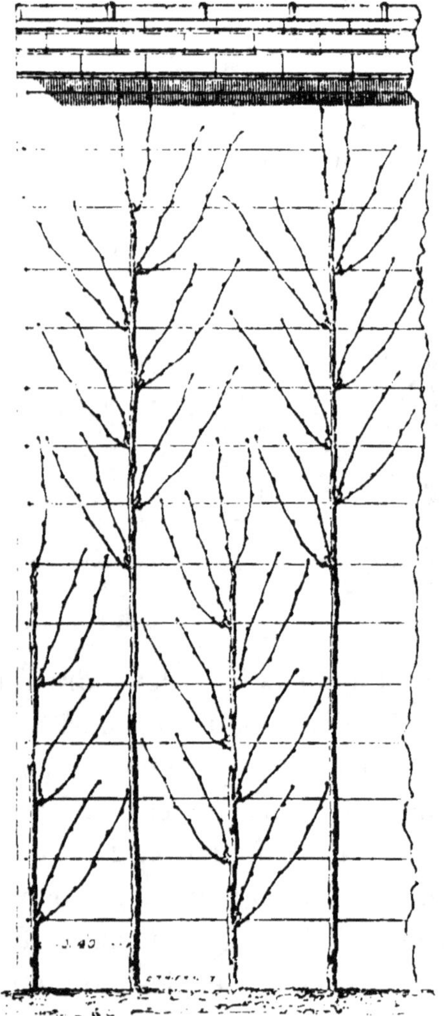

Fig. 23. — Cordon vertical Rose Charmeux.

à les conduire en deux ou trois ans, et même en une seule année, — si la végétation le permet, — jusqu'au milieu du mur en question, à l'endroit où ils doivent prendre leur premier courson. Si on les conduisait plus lentement, l'ombrage de leurs feuilles serait contraire aux ceps coursonnés à partir du premier fil de fer.

L'avantage de ce cordon vertical sur le précédent est très-grand, en ce sens que les pieds étant plus rapprochés, on n'a pas besoin de charger trop fortement chaque pied pour arriver à une forte récolte ; et naturellement les produits y gagnent en qualité. Il est à remarquer, en outre, que les pieds qui prennent leurs coursons à la base, ne s'élèvent pas à une grande hauteur, au préjudice de ces mêmes coursons. Il est à remarquer enfin que, du moment où les pieds les plus élevés ne prennent leurs coursons qu'à la moitié du mur, il est permis de les conduire à une grande élévation, au moins dans notre climat, sans craindre l'étiolage de ces coursons.

Pour ces diverses raisons, nous croyons que cette forme doit être préférée à toutes les autres.

Cordon vertical Rose Charmeux à coursons opposés. — La dénomination seule de cette forme indique en quoi elle diffère de la précédente. Le cordon vertical dont nous venons de vous entretenir a les coursons alternes ; celui dont nous allons vous parler a les coursons opposés. Pour l'un comme pour l'autre, la distance entre les pieds est la même (40 centimètres [*fig.* **24**]).

Pour avoir des coursons opposés, on pince comme lorsqu'il s'agit d'obtenir le T des cordons horizontaux.

Seulement, la taille diffère en ce sens qu'il faut se

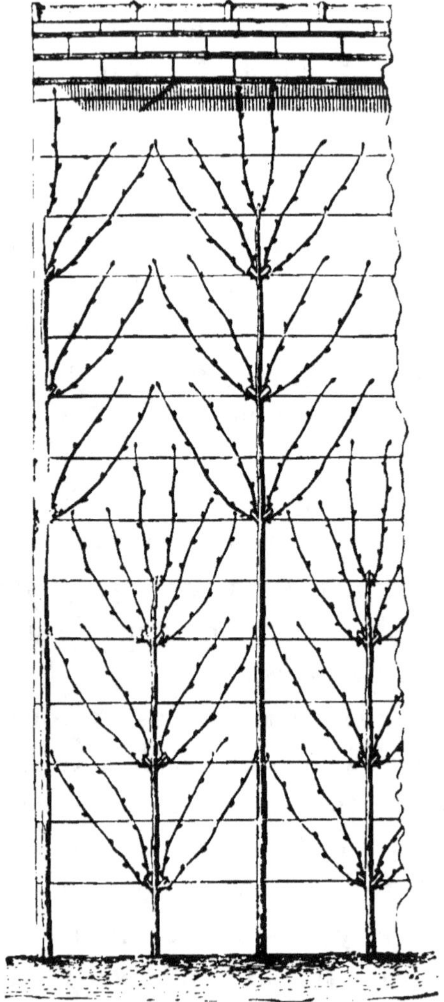

Fig. 24. — Cordon vertical Rose Charmeux à coursons opposés.

réserver un œil de prolongement au-dessus des deux
yeux opposés, afin de former la tige (*fig.* 25).

Avec le cordon à coursons alternes, chaque fil de

fer porte son courson, tantôt à droite, tantôt à gauche, tandis qu'avec la forme qui nous occupe, les coursons se trouvent à la distance de deux fils de fer, afin d'éviter toute confusion et de ne pas étioler les rameaux herbacés.

Cette forme, quant aux produits, n'a pas d'avantage sur les autres ; elle retarde au contraire la fructification, à cause de la formation de ses coursons. Son

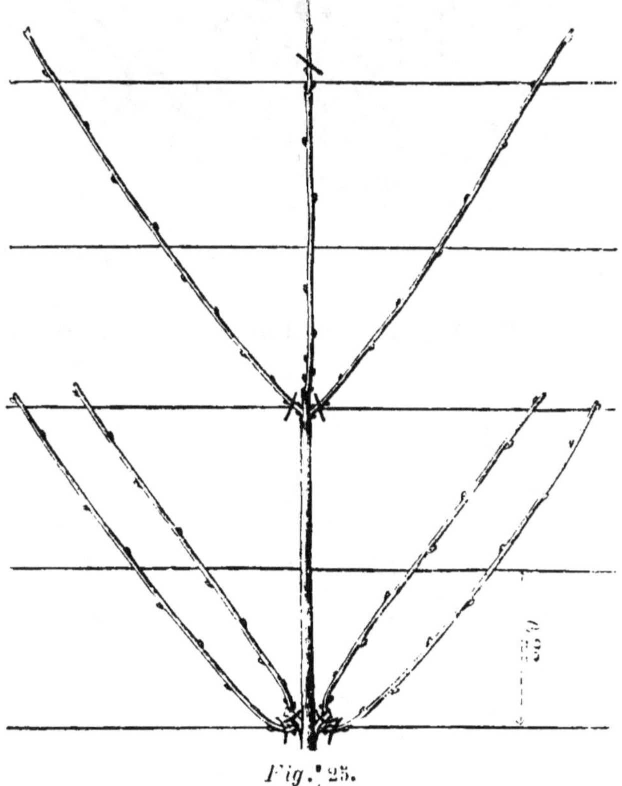

Fig. 25.

unique mérite, c'est la régularité, et c'est à ce titre seul que nous la conseillons aux amateurs.

Cordon oblique de contre-espalier applicable aux vignobles. — On peut établir les contre-espaliers

Fig. 26. — Contre-espalier abrité contre la gelée.

non-seulement avec des cordons verticaux ordinaires,

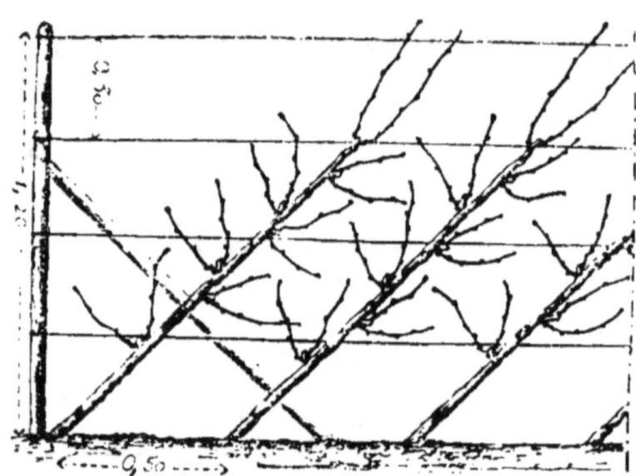

Fig. 27. — Contre-espalier (forme oblique).

mais aussi avec des cordons obliques ayant un angle de 30 degrés. A cet effet, on plante les ceps à 50 centimètres de distance l'un de l'autre. Quant à la conduite de chaque cep, elle ressemble pour ainsi dire exactement à celle qui s'applique à la formation du cordon horizontal simple, et pour cela, il suffit de soumettre à la taille tous les rameaux ou sarments qui sortent le long de la tige oblique. Seulement, on double le nombre des coursons.

Si l'on voulait appliquer ce système aux vignobles, c'est-à-dire aux vignes à vin, on devrait palisser les deux rameaux du courson terminal, tandis que les autres, sur toute la longueur de la tige, seraient pincés immédiatement au-dessus des dernières grappes. Quant aux rameaux anticipés qui viendraient à se développer, ils devraient être pincés aussi à un œil au-dessus de la base.

Nous recommandons vivement aux cultivateurs de vignobles l'adoption de cette méthode dans leurs plantations nouvelles d'abord, et quand ils en auront apprécié les résultats, nous sommes persuadé qu'ils l'appliqueront bien vite aux plantations anciennes.

On peut, en examinant la figure qui représente cette forme, se convaincre de ses excellentes dispositions, et remarquer qu'elle se prête très-bien à l'emploi des abris (*fig.* 26 et 27).

Du renouvellement ou rajeunissement de la vigne. — Lorsqu'une vigne est trop vieille et que la quantité aussi bien que la beauté baisse, il faut songer à la renouveler ou à la rajeunir. Dans ce but, on supprime les cordons jusqu'aux coursons les plus rapprochés de leur insertion sur la tige du T, s'il s'agit d'une forme horizontale, ou jusqu'aux coursons les plus inférieurs sur la tige, s'il s'agit d'une forme verticale ou oblique. Les coursons au-dessus desquels l'amputation a eu lieu produisent de beaux sarments. Au printemps suivant, on taille ces sarments à trois ou quatre yeux, afin d'obtenir de fortes pousses. On conserve les deux ou trois plus vigoureuses, et, quand ces rameaux ont environ 1^m,50 de longueur, on les pince pour en arrêter le développement.

L'année d'après, toujours au printemps, on ouvre au pied du mur une fosse de 1^m,20 de largeur sur une profondeur que nous ne saurions fixer rigoureusement. On cesse de creuser dès qu'il y a danger d'offenser la souche souterraine de la vieille marcotte. Cela fait, on couche avec précaution les pieds à rajeunir ; autrement dit, on les marcotte ou on les provigne, et, la même année, on obtient ainsi deux ou trois nouveaux pieds destinés à renouveler la treille usée. Il nous paraît inutile de faire observer que les souches donnant les plus beaux raisins sont celles qu'il convient de marcotter ou coucher.

On peut encore, en vue de renouveler une vigne, se servir des rameaux qui poussent au pied des treilles. Au bout de deux ans de taille, on supprime le vieux bois et l'on commence à former les cordons comme si l'on avait affaire à de jeunes plants. Ou bien encore, on renouvelle la treille en couchant le vieux bois dans la terre.

S'il s'agissait de renouveler un cordon vertical sans coucher le pied, on choisirait un courson au milieu de la tige ; on le taillerait à trois yeux pour avoir trois ra-

meaux ; on palisserait verticalement celui de l'extrémité, et, l'année suivante, on retrancherait la tête du
vieux bois au-dessus de la base de la nouvelle tige.
C'est un excellent moyen de prolonger la durée d'une
vigne tout en la maintenant en bon rapport.

De la modification des formes. — Si l'on tenait à
changer seulement la forme d'une treille, à modifier
sa charpente, il suffirait chaque année de rabattre un
des ceps de cette treille à 40 centimètres du sol. On
conserverait et on palisserait le sarment le plus vigoureux, et, l'année suivante, on s'occuperait de la nouvelle forme à donner, sans préjudice de la récolte qui
se produirait en même temps.

**Opérations à faire pendant le cours de la végé-
tation.** — Ces opérations sont : l'ébourgeonnement, le
soufrage, l'évrillage, la suppression des entre-cœurs,
le pincement, le palissage, l'éverrage, le repalissage,
le cisèlement et l'effeuillage.

Ébourgeonnement. — Quand les rameaux herbacés
que nous nommons ordinairement *bourgeons*, ont 12
ou 15 centimètres de longueur, il faut abattre avec les
doigts ceux qui paraissent trop faibles et ceux qui
n'ont pas de fruits. Un coup de doigt suffit pour déta-
cher ces rameaux tout à fait herbacés. Nous n'avons
pas besoin de faire observer que la suppression ne doit
pas être trop générale, et qu'il faut conserver un ou
deux rameaux sur chaque courson. Pour ce qui regarde les branches de prolongement, on ébourgeonne
les rameaux faibles, on conserve le plus fort pour continuer la tige et un rameau de côté pour former le

courson. Toutefois, quand la vigne se fait vieille et que
les coursons tendent, par suite de l'accumulation des
tailles, à prendre trop de développement en hauteur,
on conserve de petits rameaux, soit à la base R, soit
au milieu du courson en G et E, afin de rapprocher

Fig. 28. — Courson à rapprocher.

celui-ci après deux années de taille. On aide la végétation de ces rameaux de remplacement par le pincement de X, X qui seront supprimés plus tard. Ceci
s'applique aussi bien au courson sur cordon horizontal qu'au courson sur cordon vertical (*fig.* 28).

Soufrage. — On doit commencer l'opération aussitôt
que l'ébourgeonnement est terminé, par une température inférieure à 28° centigr. en plein air. Sous l'influence d'une chaleur trop intense, la pellicule du

raisin serait désorganisée. En plein midi, le grain serait brûlé en une heure. On peut soufrer par la rosée ; il n'y a pas à craindre d. salir le raisin.

Il ne faut pas attendre que l'oïdium se soit déclaré pour faire la première opération. La seconde opération doit être effectuée quand les raisins ont atteint la grosseur d'un pois, et même avant, s'il apparaissait de l'oïdium. Il serait préférable de soufrer pendant la floraison.

L'opération se fait au moyen de soufre sublimé répandu sur la vigne avec le soufflet projecteur. L'homme

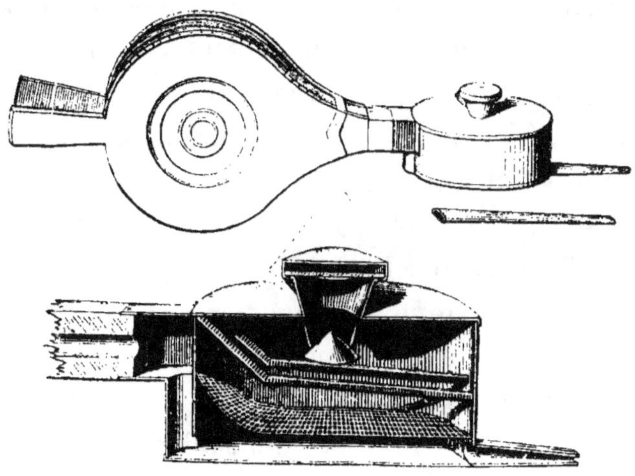

Fig. 29. — Soufflet projecteur et coupe du soufflet.

ne doit pas s'arrêter pour soufrer ; il faut monter une rangée de vigne, descendre l'autre : cela suffit ; de cette façon toutes les parties herbacées de la vigne ont eu suffisamment de fleur de soufre pour être préservées de l'oïdium.

Dans nos contrées, où les pluies abondantes détruisent en partie l'effet de la fleur de soufre, il est presque toujours nécessaire de recommencer trois ou quatre fois l'opération.

Il ne faut pas s'occuper des endroits où est lancée la fleur de soufre ; en ayant soin de viser sur les parties herbacées, on peut être certain de préserver la vigne des atteintes de l'oïdium, et si les grappes étaient reconnues malades, c'est sur elles qu'il faudrait diriger la fleur de soufre.

Le soufrage doit être pratiqué le matin et le soir, et même pendant la journée s'il ne fait pas de vent.

Nous avons remarqué que, pendant le soleil, l'oïdium était presque complétement détruit en une heure. Nous attribuons ce résultat au prompt dégagement du gaz acide sulfureux provoqué par la chaleur solaire : il est même possible de sauver la récolte d'une vigne qui aurait été négligée, pourvu que les grains n'aient pas encore été noircis par la maladie.

Un hectare de vigne, à Thomery, est composé de 10 à 12,000 ceps. En admettant que la journée de travail soit de 10 heures, et le prix de 2^f,50, la dépense serait très-minime, puisqu'un homme peut soufrer au moins un demi-hectare par jour. — Pour trois opérations, on emploie 60 kilog. de fleur de soufre par hectare.

Nous ne saurions trop recommander aux propriétaires d'apporter les plus grands soins à surveiller les vignes, afin qu'au premier signe annonçant la maladie, soit avant, soit pendant et après la floraison, le remède que nous indiquons soit immédiatement appliqué.

Évrillage, suppression des entre-cœurs et pincement.
— Ces diverses opérations se font d'ordinaire une quinzaine de jours après l'ébourgeonnement, un peu

Fig. 30. — Vrille et entre-cœurs.

plus tôt ou un peu plus tard. On coupe les vrilles, même celles qui tiennent au talon de la grappe (*fig.* 30, n° 2), avec les ongles et le plus près possible du rameau. Ensuite on abat avec les doigts tous les entre-cœurs (*fig.* 30, n° 1) sur les vignes d'une végétation modérée, c'est-à-dire ayant environ une dizaine d'années, tandis que sur les vignes jeunes ou sur les variétés vigoureuses, on se contente de pincer les entre-cœurs au-dessus de la première feuille, attendu qu'une suppression trop complète pourrait provoquer des pousses anticipées. Cette suppression partielle est aussi très-avantageuse pour les variétés d'une fructification tardive, parce qu'elle agit favorablement sur l'œil.

Le pincement, qui se fait en même temps que l'évrillage et la suppression des entre-cœurs, consiste à rogner les extrémités de tous les rameaux herbacés

Fig. 31. — Pincement.

qui dépassent 43 ou 45 centimètres, c'est-à-dire deux intervalles de fil de fer (*fig.* 31), que .la direction soit verticale comme en A ou oblique comme en B (*fig.* 31).

Il n'est pas nécessaire d'ajouter que le procédé de pincement dont il est question ici, s'applique à des vignes formées, et que s'il s'agissait de vignes en formation, on pincerait au moins à un mètre, comme nous l'avons indiqué précédemment.

Palissage. — Huit ou dix jours après le pincement, ordinairement du 20 au 25 mai, on commence le palissage. Supposons que nous ayons affaire à un cordon horizontal, nous palissons, autrement dit nous accolons avec du jonc l'extrémité de chaque bras B (*fig.* 31) dans une direction oblique. Quant aux rameaux des coursons A et C (*fig.* 31), les uns doivent être palissés plus ou moins obliquement, et les autres verticalement, afin de couvrir le mur le mieux possible. Voyez d'ailleurs la figure ci-dessus.

Pour ce qui est des cordons verticaux en général, les deux ou trois rameaux de l'extrémité de chaque

pied doivent être palissés verticalement, et tous ceux
des coursons obliquement.

Éverrage. — On appelle ainsi le travail qui consiste
à rechercher et à détruire une larve dont il a été fait
mention à l'occasion des insectes et animaux nuisibles.

Repalissage. — Le repalissage consiste à attacher
ou accoler les rameaux qui n'avaient pas atteint assez
de développement au moment du palissage. Il va sans
dire qu'on ne les palisse qu'après les avoir pincés à la
même hauteur que les autres. Les pousses anticipées
ou faux rameaux qui se seront développées à l'extrémité des rameaux palissés en premier lieu, seront
coupées ou cassées.

En même temps que l'on procédera à cette opération, on devra enlever quelques-unes des feuilles qui,
à ce moment, jettent la confusion entre le mur et le
feuillage tout à fait extérieur. Ce sont ces feuilles gê-
nées, gênantes et mal développées, à cause de leur situation, que nous nommons, à Thomery, *feuilles frisées*.

Cisèlement. — Lorsque les plus gros grains du raisin sont du volume d'un pois, on cisèle. Ce travail
consiste à enlever avec les ciseaux que nous figurons
ici (*fig.* 32), les plus petits grains des grappes qui ne
sont pas trop serrées. Quant aux grappes qui sont par
trop serrées, il faut leur enlever tous les grains petits,
et souvent encore un tiers ou un quart des autres. Cette
suppression profite aux grains restants; elle en aug-
mente le volume et en active la maturation. On ne se
borne pas toujours à éclaircir les grains; il est d'usage,

en outre, de couper 2 ou 3 centimètres de l'extrémité
des grappes de chasselas, qui sont assez souvent d'une

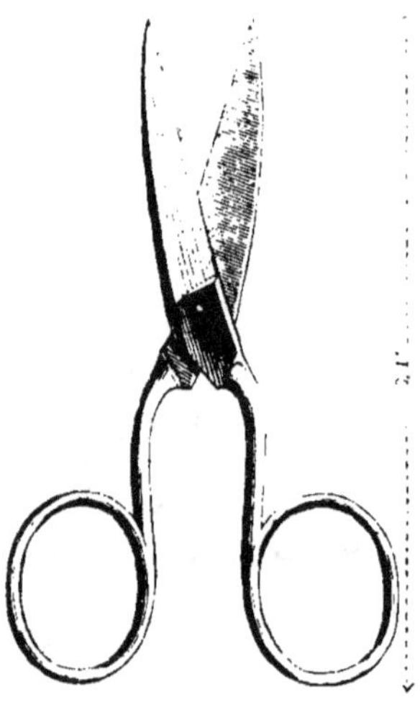

Fig. 32.

longueur démesurée, lorsqu'elles proviennent d'une
vigne jeune et fougueuse.

Pour opérer le cisèlement dans les parties élevées
des espaliers, on se sert d'une espèce d'échafaudage à
roulettes, dont voici l'image (*fig.* 33). Quand il fait
trop chaud ou quand il pleut, deux circonstances qui
n'arrêtent point le travail, on abrite les ciseleuses au
moyen de toiles tendues comme dans la figure 34 ci-
après. Pendant le cisèlement, on dégage encore les
vignes des feuilles de derrière.

Effeuillage. — Nous avons déjà enlevé des feuilles
aux treilles à deux reprises différentes, afin de favoriser le développement du raisin. Nous ne devons y tou-
cher de nouveau qu'au moment de la complète maturité, ou tout au moins très-prudemment à l'ap-

proche de cette maturité, soit pour la compléter,
soit pour dorer le raisin et lui donner par consé-

Fig. 33. — Échafaudage à roulettes.

quent cette nuance appétissante que l'on recher-
che tant. A cet effet, on ne découvre les raisins
que partiellement, en ayant soin de laisser un bout
du pétiole (queue de la feuille) au sarment. Si l'on
découvrait par trop et brusquement, la chaleur solaire, alors très-intense encore, pourrait, dans cer-
tains cas, altérer le raisin et nuire à sa conservation.

Vers les premiers jours d'octobre seulement, on
pourra découvrir chaque grappe plus complétement,

afin de la soumettre aux influences du soleil, de la rosée et du brouillard, qui contribuent à sa belle coloration, et parfont sa qualité.

Nous n'avons pas besoin de rappeler que si la rosée

Fig. 34. — Abri des ciseleuses.

et le brouillard améliorent le raisin mûr, les pluies le détériorent quand il mûrit, et que pour empêcher cette détérioration, on a dû placer les abris sous les chaperons, à partir du 15 septembre et même avant.

Cueillette ou récolte des raisins.— On cueille les raisins à diverses reprises, deux ou trois fois par semaine, à mesure que les grappes sont bien mûres et bien dorées. On commence cette cueillette par les grappes des cordons de la base, non point pour une raison de maturité qui, à Thomery, sinon partout, ar-

rive à la même date en haut et en bas, mais parce que
les raisins des premiers étages se conservent moins
bien sur la treille et moins bien au fruitier que ceux
des étages supérieurs. Nous coupons les grappes avec
de petites serpettes le plus souvent, ou quelquefois
avec des ciseaux, en ayant bien soin de ne pas déflo-
rer les grains. C'est surtout le matin et le soir que l'on
exécute cette besogne, attendu que les espaliers ont de
l'ombre, et que la teinte du raisin est plus facile à dis-
tinguer. Par un temps couvert, on cueille à toute heure
du jour.

Ce sont le plus ordinairement les propriétaires eux-
mêmes qui font la récolte à l'espalier. Ils tiennent de

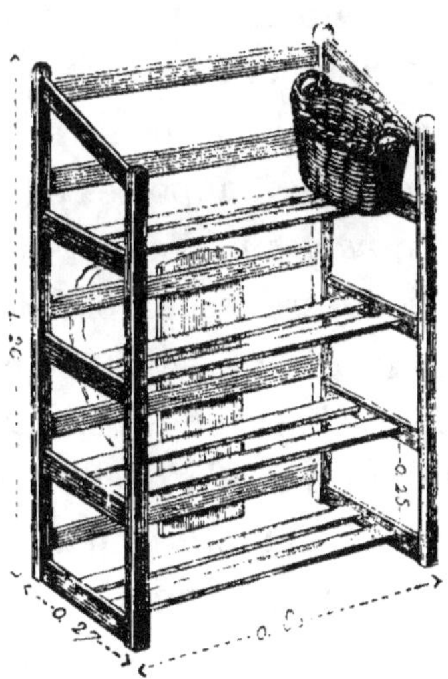

Fig. 35. — Crochet à raisins.

la main gauche un petit panier d'osier blanc à deux
anses, et garni au fond de feuilles de vigne. De la
main droite, ils détachent le raisin, de préférence avec

la petite serpette, et mettent ce raisin dans le panier
qui doit en contenir environ 1 kilogramme et demi. Une
fois cette quantité cueillie, on dépose le panier sur la
plate-bande de la treille : on en reprend un autre, et on
continue ainsi la besogne. Un aide enlève les paniers
pleins, trois par trois de chaque main, et les transporte, soit au milieu du jardin, soit à l'entrée, pour en
former une charge de douze ou de seize paniers que
l'on arrange sur des gradins à claire voie et à quatre
étages qui rappellent un peu le *miserando* d'un vitrier,
et que l'on emporte sur son dos, à l'aide de bretelles.
On appelle cela un *crochet à raisins* (*fig.* 35). Pour ce
qui concerne les raisins inférieurs, provenant des contre-espaliers, on prend moins de précautions; on les
transporte tout simplement dans de petites tapissières
suspendues, à un cheval, ou même à bras.

 Les paniers pleins sont apportés dans une chambre
spéciale, nommée *magasin*. C'est là qu'on emballe les
raisins pour les conduire au marché de Paris.

Emballage des raisins. — En ce qui regarde les
raisins de premier choix, on les sort grappe à grappe
des paniers qui ont servi à la cueillette, et on épluche
les grains défectueux ou altérés par des insectes. On
place ensuite les grappes, une à une, dans des boîtes
que l'on garnit de papier blanc intérieurement, au
moment d'y mettre le raisin. On dispose les grappes en
question l'une à côté de l'autre, de façon que le plus
beau côté occupe le fond. Ensuite, on cloue la boîte,
on la retourne sens dessus dessous, de sorte que le
fond devient la belle face de l'emballage. C'est par là

qu'on l'ouvre, et il s'ensuit que les raisins exposés se présentent à l'acheteur sous leur aspect le plus séduisant.

Chaque boîte, tare déduite, ou, si mieux vous aimez, poids net des raisins, contient $1^{kil},500$, pesé à la balance-bascule, poids que l'on maintient, dans les usages commerciaux, du mois de septembre au mois de janvier. Plus tard, la plupart des boîtes sont réduites dans leurs dimensions et ne contiennent plus qu'un kilogramme, ou même 500 grammes seulement, quand arrive le mois de mars.

Pour ce qui concerne les raisins de deuxième choix, on peut aussi les mettre dans des boîtes ; mais le plus ordinairement, on les emballe dans un petit panier conique très-clair d'osier, et garni au fond et sur les côtés, soit de fougère desséchée à l'air, soit de regain de prairie naturelle. Par-dessus la fougère ou le regain, on étend une feuille de papier ; puis on arrange les raisins avec beaucoup de précaution dans ce papier, dont on rabat les extrémités par-dessus. On recouvre le panier avec de la fougère, du foin ou de la paille d'avoine et une feuille de chou ; après quoi, on maintient cette couverture avec un lien d'osier qui fait le lacet. Chaque panier contient $1^{kil},500$, poids net de raisin.

Quant aux raisins de troisième qualité, on les emballe, soit dans des paniers de $1^{kil},500$, comme les précédents, soit dans de grands paniers de $7^{kil},500$. Ces derniers sont, pour la plupart, brouettés et vendus dans les rues de Paris.

Conservation des raisins à râfle fraîche. — La pièce destinée à servir de fruitier doit occuper le premier étage, et, autant que possible, le milieu du bâti-

Fig. 36. — Intérieur du fruitier.

ment, afin d'être sauvegardée de deux côtés contre l'humidité. Deux fenêtres suffiront à la rigueur, l'une au midi, l'autre au nord. On les tiendra fermées constamment, dès que tout sera plein; puis, quand les froids viendront, on matelassera ces ouvertures avec des toiles remplies de mousse ou de varech. L'usage principal des deux fenêtres, c'est de favoriser le nettoyage du fruitier et d'y renouveler l'air pendant l'été, lorsqu'il ne s'y trouve plus de raisins.

En raison des rigueurs de l'hiver, qui parfois pourraient compromettre la conserve, il est prudent de ménager, dans une cheminée voisine du fruitier, une ou plusieurs bouches de chaleur, suivant la grandeur de la pièce. Sans cette précaution, on se verrait forcé de recourir à des moyens directs, foyers ouverts ou poêles, pour élever la température : moyens trop énergiques et contraires à la conservation du raisin.

Nous prenons pour raisins de garde ceux qui occupent principalement les étages supérieurs des treilles. L'influence des abris contribue certainement à les rendre de longue durée.

Il ne faut pas cueillir les premiers raisins de garde avant le 20 octobre. On doit choisir pour cela un beau temps, légèrement couvert, pourvu qu'il n'y ait pas de rosée. On commence par couper les plus beaux raisins, comme volume et comme grain, et l'on a soin de les couper avec un bout de sarment, ayant trois yeux sous la grappe et deux au-dessus. On ôte les feuilles tout aussitôt, puis on met les raisins avec précaution dans de grandes boîtes ou de grands paniers. Alors on les transporte au fruitier, où chaque sarment est plongé de suite par le gros bout dans une petite fiole allongée, de la contenance de 125 grammes d'eau. Dans cette fiole, on a dû mettre l'eau jusqu'au goulot, deux ou trois jours à l'avance, et, dans cette eau, une cuillerée à café de charbon de bois en poudre.

Les fioles sont ensuite suspendues comme notre figure l'indique (*fig.* 37); après quoi, les précautions à prendre sont celles-ci : — ne pas les remuer, les soustraire aux courants d'air et à la lumière, et ne point permettre au thermomètre de descendre au-dessous de + 1 ou 2° centigrades.

Pas n'est besoin de changer l'eau des fioles. Elle ne baisse que de 5 ou 6 centimètres au plus, du mois de novembre au mois de mai, époque où la consommation

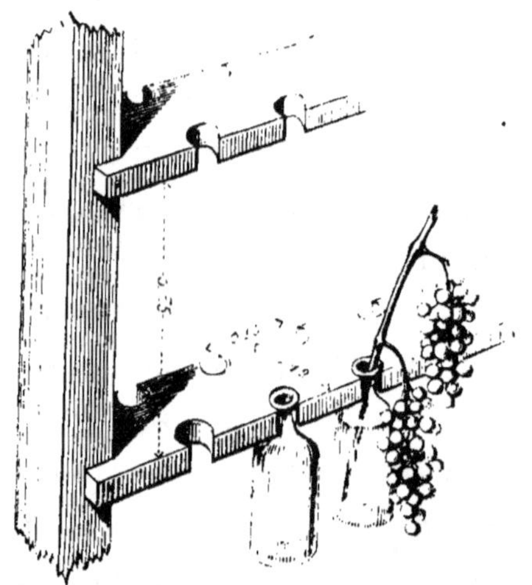

Fig. 37. — Fiole contenant le sarment de la grappe.

doit finir. Et cependant on ne bouche ni on ne cachette ces fioles.

Conservation du raisin à râfle sèche.—On se sert du même fruitier; les étagères de l'intérieur y sont employées. Ces étagères sont garnies de boîtes à coulisses, inclinées de 10 centimètres environ, d'arrière en avant, et garnies au fond de fougère bien sèche, ou, à défaut de fougère, de paille de seigle (*fig.* 38). Quelques jours après que les fioles ont été remplies, on coupe le raisin successivement, jusqu'au moment des gelées qui, à Thomery, arrivent ordinairement du

6 au 12 novembre. On place ces raisins dans des paniers pouvant en contenir environ 2 kilogrammes; on
les apporte avec soin sur les crochets que vous con-

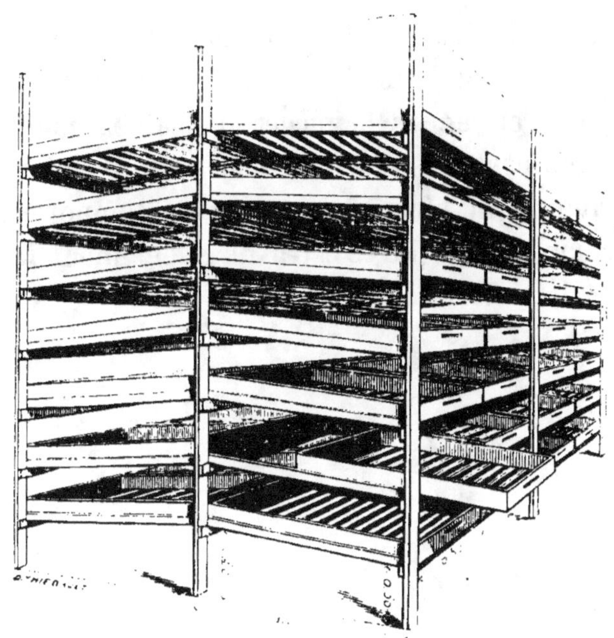

Fig. 38. — Conservation du raisin à râfle sèche.

naissez déjà; on les dépose au fruitier, et les grappes
sont rangées dans les boîtes, les unes à côté des autres et de manière à ce qu'elles se touchent le moins
possible. Chacune de ces boîtes, ouverte par le haut,
contient environ 6 kilogrammes de raisin.

Tout le temps que la conserve dure, il faut avoir
soin d'ôter avec les ciseaux tous les grains altérés par
une cause quelconque. Si l'on craignait l'humidité dans
la pièce, on pourrait placer aux deux extrémités de ce
fruitier un tonneau rempli à moitié de chaux vive.

5.

On conserve le raisin des contre-espaliers par les mêmes moyens que le raisin d'espalier; mais depuis que nous conservons si bien ce dernier, nous trouvons que l'autre n'a pas assez de durée.

Il arrive parfois que l'atmosphère du fruitier prend une odeur désagréable de moisi. Pour prévenir cet inconvénient et rendre la pièce plus saine, nous avons pris, dans ces derniers temps, le parti d'y placer des ventilateurs qui, bien entendu, ne fonctionneront qu'à la dernière extrémité, c'est-à-dire seulement lorsque l'odeur de moisi se fera sentir.

TROISIÈME PARTIE

FORÇAGE DE LA VIGNE

Cette culture a pour but de combler la lacune qui
existe entre le mois de mai, limite extrême de la conservation des raisins au fruitier, et le mois de septembre, époque habituelle de la maturité de ces raisins en
plein air. Du moment où nous n'avons plus rien à attendre de la nature, nous devons appeler à notre aide
les artifices de l'art, et tromper nos vignes en leur
créant un climat et une température factices, afin
qu'elles fructifient hors de saison.

La culture forcée de la vigne exige tout d'abord un
emplacement convenable, c'est-à-dire assez vaste pour
que l'air et la lumière y circulent largement et libre-
ment. Une exposition chaude est à rechercher, ainsi
qu'un terrain sablonneux ou graveleux. Une fois ces
conditions obtenues, il s'agit d'établir les serres à forcer. On peut en élever contre les vignes d'espalier,
dans les contrées où la maturation des grappes est
difficile ou irrégulière; mais, dans les environs de Pa-

ris, il faut conserver les espaliers pour la production
ordinaire en plein air, et soumettre seulement au forçage les ceps de contre-espalier, dont les raisins livrés

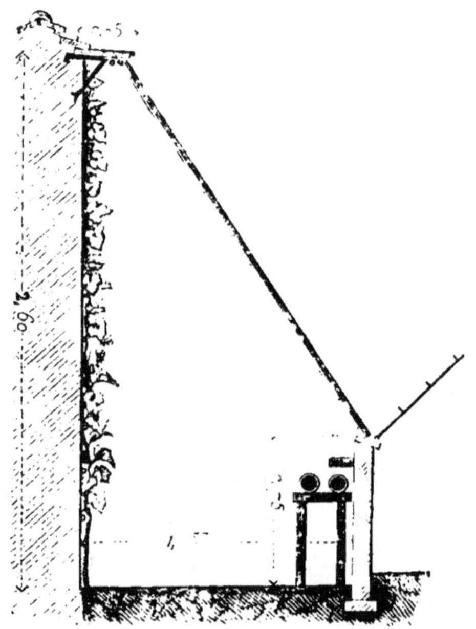

Fig. 59. — Serre portative pour espalier.

à eux-mêmes n'arrivent point à une qualité supérieure.

Les ceps que l'on destine à être forcés doivent avoir
trois ans de plantation et paraître vigoureux. Ils auront été conduits sous forme de cordons verticaux, et
seront bien garnis de coursons. Un choix de bonnes
variétés est nécessairement de rigueur. En vue du
commerce, on ne forcera que le chasselas de Fontainebleau et le Frankenthal ; en vue de l'agrément, on

pourra choisir parmi les variétés dont nous avons donné une liste suffisamment étendue.

Les serres à forcer sont de différentes formes, et leurs dimensions dépendent des besoins auxquels elles doivent répondre, du but que le cultivateur se propose d'atteindre, et du climat sous lequel il opère. S'il est vrai que la vigne pousse toujours bien en serre, quelles que soient les formes adoptées et les situations, il faut reconnaître aussi que l'expérience de chaque localité donne, quant aux proportions en largeur et en hau-ur, des indications utiles, et constate que la fructifi-cation ne se produit convenablement que sous l'influence du grand jour et des rayons du soleil.

On nous permettra de ne pas entrer dans de longs et minutieux détails sur la construction des serres. Il nous semble qu'on doit laisser à chacun la faculté de procéder selon ses ressources; aussi nous bornerons-nous à indiquer les conditions qui sont de rigueur pour assurer le succès de la culture forcée.

Ces conditions sont les suivantes :

1° Aérage facile et à volonté;

2° Répartition aussi égale que possible de la chaleur artificielle;

3° Lumière abondante;

4° Absence d'humidité.

Que ces conditions soient bien remplies, et l'on atteindra le but, quel que soit d'ailleurs le mode de construction.

Tout en conseillant d'éviter une économie mesquine dans le choix et l'emploi des matériaux, nous ne recommandons certainement pas les dépenses de luxe. Une serre qui répond à nos besoins et à notre attente, sous tous les rapports, nous paraît toujours assez belle. Elle vaut mieux, après tout, qu'une charmante contrefaçon de jardin d'hiver qui réjouirait l'œil, mais qui ne donnerait que peu ou point de raisins.

Serre volante ou bâche. — A nos yeux, la serre volante ou mobile a un immense mérite, celui de pou-

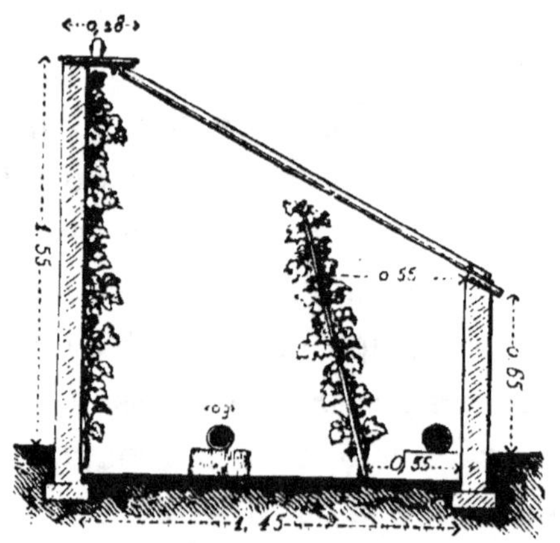

Fig. 40. — Bâche à raisin ou serre volante.

voir être transportée chaque année d'une place à une autre. Il suit de là qu'on peut conserver aisément à une vigne de contre-espalier toute sa vigueur pendant une longue suite d'années, en ne la chauffant que par parties, et alternativement, tous les trois ans. La serre en question doit couvrir deux rangées de ceps. La première rangée, appuyée au mur du fond, formera l'espalier; au midi, la seconde rangée, distante de 1^m,10 de la première, et légèrement inclinée en avant, restera à l'état de contre-espalier et ne devra pas s'élever à plus de 70 centimètres. La distance entre les pieds, sur chaque ligne, sera, comme dans la culture en plein air, de 66 centimètres.

Voici en quelques mots la description d'une serre volante ou mieux à châssis mobiles :

Les murs sont en briques. Le plus élevé, au midi, mesure 1^m,55 de hauteur; le second mur, en avant du premier, n'a que 65 centimètres ; la largeur de la serre à sa base, entre les deux murs, est de 1^m,45; la longueur est indéterminée.

On recouvre le mur le plus élevé avec des planches de sapin larges de 30 centimètres, bien jointes entre elles et faisant saillie du côté du midi. On recouvre le petit mur d'une planche de même bois, mais n'ayant que 12 centimètres de largeur. Les murs doivent être crépis avec de la chaux et blanchis en les fouettant au balai.

Des barres de fer servent de supports aux châssis et maintiennent l'écartement de la serre, après la récolte du raisin, c'est-à-dire lorsque les châssis en question ont été enlevés.

Des crémaillères sont placées au milieu de chaque châssis sur la planche qui recouvre le petit mur de devant, et servent à donner de l'air au besoin.

Un thermosiphon avec tuyaux en cuivre de 10 centimètres de diamètre, est destiné au chauffage de la pièce ; une porte d'entrée est ménagée à l'une des extrémités.

Que la serre que nous venons de décrire soit mobile ou fixe, peu importe; c'est à elle que l'on a recours pour le premier forçage.

Quelques jours avant de commencer le forçage, on couvre le sol de la bâche de fumier bien consommé, on laboure légèrement après cela, puis on taille la vigne avant de mettre les châssis ou aussitôt après les avoir mis. Cette taille est la même que pour les cordons verticaux à l'air libre; seulement, on ne l'exécute que vers le 1er décembre, d'un œil ou mieux de deux yeux plus longue que la taille ordinaire, afin de conserver aux ceps une vigueur que le forçage tend toujours à diminuer. La régularité de la charpente en souffre sans aucun doute; mais, puisque la treille est appelée à se reposer après avoir produit forcément, il devient facile, à l'époque du repos, de rétablir la régularité compromise.

Dès que la taille est faite, on commence le forçage des raisins de première saison du 15 au 25 décembre, pour avoir du raisin bon à manger à la fin d'avril. Les quinze premiers jours, on chauffe de manière à ce que la température de la serre ne s'élève pas au-dessus de 12 à 15° centigrades. Les quinze jours suivants, on chauffe à 20°; puis après, jusqu'à la maturité, de 20 à 25°. Le moment de la floraison exige une attention toute particulière. C'est de lui que dépend presque tout entier le succès de la culture. Pour que la fécondation se fasse convenablement et que les grains nouent bien, il faut, de toute nécessité, que la chaleur soit maintenue entre 20 et 25°, que la vigne soit bien éclairée et que l'air ne soit pas chargé d'humidité.

Lorsque la floraison se trouve favorisée par quelques beaux jours, on en profite avec empressement pour donner de l'air à la serre au moment où les rayons du soleil frappent sur la vigne. C'est le moyen de fortifier les jeunes rameaux et d'empêcher la température de dépasser les bornes que nous lui avons assignées tout à l'heure. Mais si, au contraire, la floraison se fait par un temps pluvieux, brumeux et humide, on tient la serre soigneusement close, autrement la culture serait fort compromise.

Lorsque les raisins sont parfaitement noués et que a température extérieure permet de donner de l'air de temps en temps, on peut faire monter la chaleur de quelques degrés, afin d'activer le développement des grains et de gagner du temps pour la maturité.

On arrose les vignes forcées tous les huit jours environ ; au besoin même, par un temps sec, on bassine légèrement les feuilles au moyen d'une pompe portaive.

On a soin de couvrir pendant la nuit les panneaux ou châssis de la serre avec des paillassons ordinaires que l'on double au moment des grands froids. On a soin aussi d'entourer les murs sur toute leur hauteur avec des accots en feuilles de chêne desséchées ; c'est là une indispensable garantie contre le froid, et quand la récolte est faite, ces feuilles, mélangées au fumier, forment un excellent compost pour la vigne. Les paillassons qui servent à couvrir la serre pendant les nuits, sont enlevés ou roulés tous les matins vers neuf heures.

Il convient de visiter la serre tous les jours pour voir ce qui s'y passe et aussi pour ôter les feuilles jaunes et détruire les insectes que la chaleur attire ou fait éclore. Il est essentiel, on ne saurait trop le dire et le redire, d'entretenir dans les forceries une propreté minutieuse. Depuis plusieurs années, nous avons pris le parti d'étendre dans les nôtres de gros sable de rivière, sur une épaisseur d'à peu près 6 centimètres. Ce sable a, outre le mérite d'entretenir la propreté, celui non moins précieux de conserver la fraîcheur au pied des vignes, sans donner une humidité nuisible.

S'il arrivait que l'on vît sortir des racines blanchâtres, au pied des ceps, on devrait conclure de ce fait qu'elles souffrent d'un manque de lumière et d'un excès d'humidité. Souvent le manque de lumière est le résultat de la négligence du maître ou de ses aides ; nous allons en fournir la preuve. La vapeur d'eau que la température de la serre développe, se condense en gouttelettes contre les vitres des panneaux pendant la nuit, et y ruisselle. L'évaporation de cette eau se fait pendant le jour : les matières qu'elle tenait en suspension ou en dissolution se déposent sur les vitres et y laissent ce que nous appelons une *crasse*. Cette crasse s'épaissit à chaque nouveau dépôt et amoindrit évidemment la transparence du verre. On ne prend point assez garde à cet inconvénient. Si l'on essuyait avec une éponge, et plus souvent qu'on ne le fait, les vitres salies, on aurait moins à se plaindre du défaut de lumière, défaut capital que les primeuristes anglais apprécient mieux que nous sous leur climat brumeux.

Nous n'avons pas besoin, en indiquant les soins d'entretien nécessaires à la réussite de la vigne forcée, de faire observer que le palissage, l'ébourgeonnement, le soufrage, l'évrillage, la suppression des entre-cœurs, le pincement, le cisèlement, l'effeuillage, etc., sont autant d'opérations qu'elle réclame, et que ces opérations se font exactement comme sur les vignes en plein air.

Serre hollandaise. — La serre hollandaise ou à double pente, est destinée à forcer les raisins de seconde saison qui doivent mûrir environ un mois après ceux de la première saison, et dont par conséquent le forçage ne doit commencer qu'un mois plus tard, ordinairement du 1ᵉʳ au 10 janvier. Pour l'usage de cette serre, on plante trois lignes de chevelées à 1ᵐ,10 les unes des autres. Sur chaque ligne, les pieds doivent être distancés de 66 centimètres entre eux. On forme donc ainsi trois contre-espaliers pour chaque serre, le plus élevé pour le milieu, les moins élevés pour les côtés, l'un à l'exposition du levant, l'autre à celle du couchant.

La serre hollandaise s'établit de la manière suivante : au levant et au couchant, on élève deux petits murs en briques de la hauteur de 70 centimètres. Au milieu de l'espace compris entre ces deux murs, on plante de forts pieux en bois, distants de 1 mètre les uns des autres et hauts de 1ᵐ,65, à partir du niveau du sol. Une planche, large de 35 centim., clouée au-dessus de ces pieux, les relie solidement et forme chapiteau. Cette planche, ainsi posée en guise de faîtière,

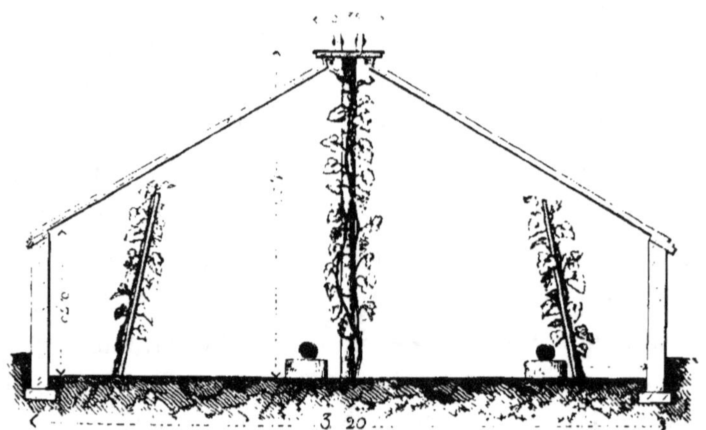

Fig. 41. — Serre à deux versants, dite hollandaise.

est recouverte d'une lame de zinc. Des barres de fer sont placées sur les deux pentes et servent d'appui aux panneaux. A chacune des extrémités de la serre se trouve une porte pour la facilité du service, et de chaque côté de la porte un thermomètre qui constate le degré de température. L'intérieur de la serre a 3^m,20 de largeur à la base, de façon que les deux petits contre-espaliers sont éloignés l'un et l'autre de 50 centimètres des petits murs et peuvent recevoir l'un le soleil levant, l'autre le soleil couchant.

Deux rangées de poulies doivent être placées sur la faîtière en zinc, afin de faciliter la manœuvre des paillassons, qu'il faut enlever tous les matins et replacer tous les soirs.

Pour mieux lutter contre le froid, on place nécessairement des accots de feuilles sèches ou de fumier sec autour du mur, comme avec les serres volantes à une seule pente.

Quant aux soins à donner à la vigne, ils sont les mêmes exactement que pour la culture de première saison.

La serre hollandaise ne convient pas seulement à la culture des raisins de seconde saison; elle convient en outre aux cultures de troisième et de quatrième saison, échelonnées de mois en mois dans le but de continuer la production jusqu'au mois de septembre, époque à laquelle les récoltes en plein air viennent succéder aux récoltes forcées.

SERRES TEMPÉRÉES. — A Thomery, nous nous servons aussi de la serre tempérée. Mais elle rend beaucoup plus de services au nord de la France, où le raisin mûrit difficilement.

On fait élever un mur de 3 mètres de hauteur et trois fois plus long que la serre dont on a besoin, afin de pouvoir accorder deux années de repos à chaque partie de treille qui aura été forcée. Contre ce mur on fait une plantation de vigne, et la troisième année qui suit le couchage ou la plantation, on peut y appliquer des panneaux de 2^m,20 de longueur sur 1 mètre de largeur. Le haut des panneaux s'applique contre une planche de 30 centim. fixée au-dessus du mur et faisant saillie; le bas de ces mêmes panneaux porte sur un petit mur en briques, construit en avant et à 1^m,50 de distance de l'espalier. Des barres en fer, partant de la partie supérieure du grand mur et venant aboutir au petit, complètent les supports des panneaux, que l'on soulève au besoin à l'aide de crémaillères. On place ces panneaux vers la fin de janvier, et ils font sur la vigne l'effet que nous demandons aux châssis vitrés sur des couches froides. Ces serres, fermées aux deux bouts soit avec des cloisons fixes en briques, soit avec des planches, et même des paillassons mobiles, ont nécessairement à l'un de ces bouts une petite porte réclamée par les exigences du service.

Avec la serre tempérée qui, en définitive, n'est qu'un précieux abri et un moyen d'augmenter l'énergie des rayons solaires, on ne gagne qu'une avance de quelques semaines sur la date des récoltes ordinaires ; mais cette avance, quoique modeste, n'est pas à dédaigner, et vous voudrez bien remarquer que si, sous ce rapport, les résultats ne sont pas à comparer à ceux des serres à thermosiphon, sous un autre rapport, la serre tempérée a sur nos serres chaudes l'avantage de ne pas trop maltraiter les pieds de vigne. On doit, au besoin, quand la chaleur est vive, arroser ces pieds et bassiner les feuilles.

Une treille qui a donné une récolte en serre tempérée, peut encore produire quelques grappes à découvert l'année d'ensuite, tandis que les vignes de serre volante ou de serre hollandaise doivent être condamnées à un repos absolu pendant deux ans.

Nous croyons en avoir dit assez sur le forçage de la vigne, et ce que nous pourrions ajouter ne servirait de rien. Il n'y a réellement que la pratique et quelques années d'expériences suivies qui puissent mettre un jardinier ou un amateur d'horticulture en mesure de marcher d'un pas ferme et sans tâtonnement dans la voie difficile où sont engagés les primeuristes de profession.

FIN.

TABLE DES MATIÈRES

FIN DE LA TABLE.

Corbeil., typ. et ster. de Crete.

LIBRAIRIE VICTOR MASSON ET FILS

17, PLACE DE L'ÉCOLE DE MÉDECINE, A PARIS.

LE LIVRE

DE LA FERME

ET

DES MAISONS DE CAMPAGNE

PAR

MM. Joigneaux, C. Alibert, Ch. Baltet,
E. Baltet, Baudement, Victor Borie, Dr Candèze, Caumont-Bréon,
J. Cherpin, Dr Clavel, E. Delarue, T. Delbetz, E. Fischer
Focquet, Hamet, Hariot, L. Hervé, Koltz, J. Lavalle,
Lhérault Salbœuf, Alexis Lepère, Magne, H. Marès,
Émile Martin, P. E. Perrot, Pons-Tande, Rose-
Charmeux, A. Sanson, de Sélys Longchamps,
de Vergnette La Motte, etc., etc.

SOUS LA DIRECTION DE

M. P. JOIGNEAUX.

Un volume grand in-8 jésus d'environ 2,000 pages, imprimé sur
deux colonnes, avec figures dans le texte.

Prix : 30 francs.

L'ouvrage est publié en 12 fascicules du prix de 2 fr 50.

Il n'existait pas un livre qui résumât, aux points de vue
théorique et pratique, le vaste ensemble de connaissances
qu'exigent toutes les branches de l'industrie agricole.
Les œuvres si remarquables des grands agronomes de
notre époque datent déjà d'un assez grand nombre d'an-

nées ; aucune ne relate les progrès qui, depuis un quart de
de siècle, ont modifié d'une manière notable l'industrie
agricole.

La plupart des utiles et intéressants travaux publiés de
nos jours ne traitent que de certaines questions spéciales,
ou relatent les faits au jour le jour et tels qu'ils s'accom-
plissent ; il faut être savant et habile agriculteur pour pro-
fiter, sans essais et sans tâtonnements trop coûteux et le
plus souvent infructueux, des enseignements qu'ils donnent. Il y avait donc là un ouvrage utile à faire, une lacune à remplir ; nous avons publié le LIVRE DE LA FERME
ET DES MAISONS DE CAMPAGNE.

Le plan de l'ouvrage est aussi simple que logique, sa
division et la méthode employée pour traiter chaque partie, rendent les recherches aisées ; l'enseignement y est
donné d'une manière claire, précise, méthodique, qui en
rend l'application toujours facile ; des gravures interca-
lées dans le texte parlent à l'œil et complètent la pensée
de l'auteur. Elles reproduisent les types, montrent les ins-
truments aratoires, la disposition des cultures, et rendent
ainsi les enseignements plus saisissables et plus fruc-
tueux.

La première partie traite plus spécialement de ce qui
concerne la grande et la petite culture proprement dite.
Après les notions indispensables sur la nature des terrains,
la météorologie agricole et l'étude si importante des
engrais, chaque genre de culture, chaque plante, ali-
mentaire, fourragère ou industrielle, y trouve sa monogra-
phie spéciale, qui la suit dans toutes les phases de son
développement et de ses emplois.

Le second livre traite de la zootechnie, science nouvelle qui, née d'hier à peine, traite de l'économie du

bétail, et fournit à l'éleveur des espèces hippiques, bovines, ovines, etc., etc., les données les plus vraies et les plus sûres pour améliorer les races et tirer des animaux domestiques le meilleur parti possible. L'hygiène des bestiaux et des notions sommaires sur le traitement de leurs affections les plus ordinaires, complètent ce chapitre.

Les deux dernières parties justifient d'une manière plus directe le titre de LIVRE DES MAISONS DE CAMPAGNE; la chasse, la pêche, les questions si grandes et si actuelles de la pisciculture et de l'acclimatation d'espèces nouvelles y trouvent leur place. Le poulailler riche des variétés les plus rares, est aujourd'hui le complément presque indispensable et à coup sûr fort utile d'une maison de campagne; sa direction est l'occupation ordinaire des dames, qui aiment à voir voleter et caqueter autour d'elles la brillante population qui l'habite; le choix et la gravure des types a été l'objet de soins particuliers; nous avons indiqué toutes les espèces qui peuvent encore venir facilement l'enrichir.

L'art si important du pépiniériste, l'arboriculture de la vigne et des arbres fruitiers, qui procure à la maîtresse de maison tant de ressources et de charmantes jouissances; la culture des fleurs et des plantes d'ornement, les recettes de la ménagère, la législation rurale, toutes les questions en un mot, grandes ou petites, dont la connaissance est indispensable à tout possesseur d'une maison aux champs, ou qu'un homme du monde peut désirer apprendre, y trouveront la place qui leur est due.

La rédaction du livre est une œuvre collective; son importance pour le progrès agricole a déterminé les écrivains, les agronomes, les horticulteurs les plus distingués à lui accorder leur collaboration. Nous avons tâché que l'exécution matérielle fût digne de sa valeur scientifique. L'ouvrage entier forme deux magnifiques volumes imprimés sur deux colonnes, et contenant la matière de quatre volumes du même format. Le sommaire des grandes divisions de l'ouvrage fera mieux que tout ce que nous pourrions en dire, comprendre son importance et son utilité.

DIVISION DE L'OUVRAGE :

Le *Livre de la ferme et des maisons de campagne* comprendra quatre grandes divisions qui seront publiées dans l'ordre suivant :

LIVRE PREMIER. *Agriculture proprement dite.* — Qualités nécessaires au cultivateur et à la ménagère. Météorologie. Terrains. Engrais. Théorie et pratique des labours, hersages, roulages et binages. Bâtiments de la ferme. Assainissement des terres et défrichement. Assolements. Plantes cultivées. Culture de chacune d'elles, récolte, conservation des produits, emploi de ces produits et falsifications. Plantes nuisibles aux récoltes ; moyen d'en prévenir le retour et de s'en défaire.

LIVRE SECOND. *Zootechnie.* — Espèce chevaline. Espèce bovine, ovine et caprine. Boucherie. Laiterie. Espèce porcine. Éducation de la volaille. Éducation des lapins. Pisciculture. Apiculture. Sériciculture. Animaux sauvages et insectes nuisibles ou utiles aux cultivateurs.

LIVRE TROISIÈME. *Arboriculture et jardinage.* — Culture de la vigne. OEnologie. Arboriculture fruitière (culture du poirier, pommier, pêcher, prunier, cerisier, olivier, noyer, etc., etc.). — Arbres taillés et arbres de vergers. Conservation, transport et emploi des fruits. Sylviculture. Culture potagère. Culture des fleurs. Culture et emploi des plantes utilisées en médecine.

LIVRE QUATRIÈME. *Connaissances diverses.* — Hygiène des campagnes. Comptabilité rurale. Législation rurale. Cuisine des campagnes. Recettes pour la ménagère.

CORBEIL, typ. et ster. de CRÉTÉ.